死闘！激突！
東都大学野球

優勝決定戦・入替戦・ライバル決戦・雪辱戦

久保田龍雄
Tatsuo Kubota

ビジネス社

はじめに

プロ野球の二〇二五年シーズンが開幕、大学野球の春季リーグ戦も始まり、野球ファンにとって楽しみな季節がやって来た。

プロ野球界では、今季から立正大ＯＢの西口文也が西武の新監督に就任し、ヤクルト・高津臣《しん》吾《ご》（亜大）、広島・新井貴浩（駒大）、ソフトバンク・小久保裕紀《ひろき》（青学大）、巨人・阿部慎之助（中大）の四監督とともに、セ・パ一二球団中五球団で、東都リーグ出身の監督が顔を並べることになった。

また、二〇二三年のドラフトでは、〝東都神セブン〟と謳われた武内夏暉《なつき》（国学大―西武）、西舘勇陽《ゆうひ》（中大―巨人）、常広《つねひろ》羽也斗《はやと》（青学大―広島）、細野晴希（東洋大―日本ハム）、下村海翔《かいと》（青学大―阪神）、草加勝《くさかしょう》（亜大―中日）、西舘昂汰（専大―ヤクルト）の七投手がドラフト一位で指名され、翌二〇二四年のドラフトでも西川史礁《みしょう》（青学大―ロッテ）、佐々木泰（青学大―広島）の即戦力野手二人がドラフト一位指名を受けた。

さらには、メジャーリーグでも、駒大ＯＢの今永昇太（カブス）、青学大ＯＢの吉田正尚（レッドソックス）が活躍するなど、近年、東都がマスコミやファンから注目される画期的な出来事が多くなった。これらの快挙を通じて、東都に興味を持つファンも増えているかもしれない。

東都リーグの歴史は昭和六年（一九三一）、日大、国学大、専大、東農大、中大の五校が参加して五大学野球連盟の名称で発足したときまで遡る。同一〇年（一九三五）、商大（現一橋大）が加盟した際に、現在の東都大学野球連盟に改称した。

昭和一五年（一九四〇）に東京慈恵会医科大（数年後に脱退）、上智大、東工大、東洋大、東京文理大（現筑波大）が加盟すると、一部六校、二部五校に分け、一部最下位校と二部優勝校による入替戦が行われるようになった（それ以前の六校時代にもA四校、B二校とクラス分けし、入替戦が行われている）。

戦後は駒大、青学大、学習院大、亜大など加盟校が増え、一九六一年には一部から三部まで各六校に加え、三部リーグとの入替戦に出場できる別運営の準加盟一、二部一〇校併せて二八校の〝マンモス・リーグ〟に発展した。

だが、下部リーグや準加盟では全国大会に出場できるチャンスがないことから、一九六四年、全日本大学野球選手権の出場枠拡大に伴い、準加盟一部の東海大など七校が脱退し、新たに首都大学リーグを結成。以来、五〇年以上にわたって、東都は一部から三部まで各六校、四部三校の計二一校によってリーグ戦が行われていた。

そして、二〇二二年、帝京平成大が新たに加盟し、計二二校になったのを機に、東都大学野球連盟では「プレミアム・ユニバーシティズ22」の新愛称の下、ファンクラブ会員制度の発足や大分県、福島県、愛媛県で地方開幕戦を行うなど、種々の斬新な取り組みによって、さらなるファン層の拡大に努めている。

東都リーグは今でこそ、週刊ベースボール増刊「大学野球」に東京六大学とともに選手名鑑や各校の紹介ページが掲載され、ネットによる全試合のライブ配信もすっかり定着している。だが、六大学関連記事が中心だった一九八〇年代においては、東都はマスコミの扱いも小さく、得られる情報はわずかだった。

そんな時代に学生生活を送った筆者は、現実に「東都の情報をもっと知りたい」という希望がかなえられない以上、「自分で媒体を作るしかない」と思い立った。その後、出版、編集のノウハウに長けた大学の先輩に全面バックアップしていただくというこの上ない幸運に恵まれ、ほかにも多数の方々のご協力を得て、一九八一年一一月、東都大学野球専門誌「東都スポーツ」の創刊が実現した。くしくも東都大学野球連盟発足五〇周年のメモリアルイヤーでもあった。

「東都スポーツ」は、筆者の大学卒業後も、第二代・藤原功編集長をはじめ、志を受け継いだ中大の後輩たちによって、一九八四年秋の通巻一三号まで継続。スタッフ全員の卒業により、一時休刊となるも、一九九〇年春、創刊第二号からの参加メンバー・泉直樹編集長の新体制で六年ぶりに復刊し、現在に至っている。

各校の実力が伯仲する東都リーグは、毎シーズンのように優勝争いも白熱することから、〝戦国東都〟とも呼ばれる。

その一方で、入替戦も〝東都の華〟と形容されるように、「勝てば天国、負ければ地獄」の野球人生をかけた真剣勝負は、時には優勝決定戦以上に両チームが死力を尽くし合うことから、これまでにも球史に残る数多くの名勝負が演じられてきた。

冒頭で紹介したプロ野球の東都ＯＢ監督五人のうち、巨人・阿部監督は在学中四度、西武・西口監督は五度にわたって入替戦を経験し、西口監督は三年生の秋から昇格↓降格↓昇格と激動の三シーズンを送っている。

本書は「東都スポーツ」の協力を得て、九〇年以上の長い歴史を持つ東都リーグの熱戦の中から、入替戦や優勝決定戦を中心に名勝負、名場面を厳選。全一七章にわたって紹介している。

ひと口に名勝負といっても、もちろん数えきれないほどあり、東都出身のプロ野球選手もかなりの数に上るので、とても一冊で紹介しきれるものではないが、本書を通じて、前出の五人の監督やスター選手たちの知られざる大学時代の健闘ぶり、入替戦の独特の雰囲気など、東都ならではのテイストを感じ取っていただけたら、幸いこの上ない。

2025年春季時点でのリーグの構成

1部リーグ	2部リーグ	3部リーグ	4部リーグ
青山学院大学	東京農業大学	帝京平成大学	一橋大学
國學院大学	専修大学	大正大学	東京科学大学
亜細亜大学	立正大学	学習院大学	芝浦工業大学
日本大学	駒澤大学	成蹊大学	東京都市大学
中央大学	拓殖大学	上智大学	
東洋大学	国士舘大学	順天堂大学	

現在東都の一部リーグは、六大学、東京ヤクルトスワローズとともに神宮球場をメインに試合を行っているが、六大学が土日開催のため、火曜以降の平日開催が基本となる。

だが、六大学が引き分けを挟んで四回戦まで行われたり、雨天順延の場合は、水曜まで六大学に神宮の優先使用権があるため、木、金曜の二日間しか日程が取れないことも少なくない。

また、近年では、ヤクルトのホームゲームが行われる日は、午前九時開始の一試合しか組めない日程に変わったため、雨天順延も相まって、未消化試合の日程のやりくりや代替球場探しに苦慮するケースも増えてきた。

このような状況が続く中で、本書を通じて、一人でも多くの野球ファンが東都大学野球に興味を持ち、球場に足を運んで〝戦国東都〟を一層盛り上げることによって、さらなるリーグ発展の一助になればと、心から願ってやまない。

二〇二五年四月

久保田龍雄

死闘！　激突！　東都大学野球　目次

第二部　東都ファンだけが知る命がけの戦い

あの名選手たちの熱球譜

第一部

NPB現役監督五人を輩出

人材が常に切磋琢磨する〝戦国東都〟

①東京ヤクルトスワローズ監督・高津臣吾（亜細亜大学・一九八七年～一九九〇年）

いつもエースの背中を見ていた男

野村克也監督から「お前と心中する」と言われたことは一度もなかった

二〇二六年放送予定のＮＨＫ大河ドラマ『豊臣兄弟！』では、兄・秀吉の補佐役として豊臣政権を支えた〝ナンバー２〟豊臣秀長が主人公となる。

現代においても、業界・業種を問わず〝ナンバー２の男〟が脚光を浴びる例は多いが、野球界では、東京ヤクルトスワローズ・高津臣吾監督（広島工、ヤクルト、ＭＬＢ）もその一人だ。

全日本大学野球選手権、準決勝創価大戦で力投する大学時代の高津投手

高校、大学時代は常にエースの背中を追いかけながらも、チームの命運がかかった重要な試合では、エースに引けを取らない好投で貴重な勝利をもたらし、いぶし銀のように存在をアピール。

一九九一年のヤクルト入団後も、野村克也監督

（峰山、南海、ロッテ、西武）から「お前がリリーフエースだ」「お前と心中する」と言われたことは一度もなかったが、「切り札というよりも、最後に投げるピッチャー」と謙虚な姿勢で与えられた仕事を全うして、最優秀救援投手四度、NPB通算二八六セーブの偉業で四度の日本一に貢献した。

そして二〇二〇年にヤクルト監督就任後は、二〇二一、二二年とセントラルリーグ二連覇、二一年には日本シリーズでオリックス・バファローズを下して、〝ナンバー1の男〟になったのは、ご存じの通りだ。

そんな高津が、亜大に入学し、同学年のエース・小池秀郎（信州工、近鉄、中日、楽天）とともに、四年時に春秋連覇を達成するまでの足跡を紹介したい。

高校時代は背番号10、プロ注目右腕の陰に隠れて

広島工時代の高津は、一九八六年、三年生の春・夏に甲子園に連続出場しているが（チームは前年夏から三季連続出場）、春・夏ともに背番号10の控え投手兼一塁手だった。

エースはプロ注目の本格派右腕・上田俊治。一九八六年春・夏の甲子園では六試合を一人で投げ抜き、春八強、夏ベスト一六入りの原動力になった。もし高校卒業時にプロを志望していれば、ドラフト上位指名確実の逸材だった。

筆者は二〇年以上前に「幻のドラフト一位選手」という雑誌企画で、かつての広島工のエースを取材したことがある。

高校時代に広島と大洋から誘われたが、「大学と社会人でもプレーしてみたかった。プロ入りはそれからでも遅くはない」と考え、明大に進学した背番号1は、大学二年の夏に練習中に大ケガをして半年入院したことから、プロ入りの夢をあきらめ、もう一つの夢だったテレビ局（中国放送）の仕事に就いた。

「小学校時代から良きライバルだった」という高津については、「彼は中学時代に野球に集中できる環境ではなかったので（学校が荒れていた）、それが高校時代にハンデになったのだと思います」と語り、実力では互角だったことを認めていた。

甲子園での高津は、春は二番ファーストで七打数無安打（四球、死球各一、犠打二）、夏は三回戦の浦和学院戦で一対四とリードされた九回一死、代打で出場したが、谷口英功《ひでのり》（英規。東洋大、現上武大監督）に投ゴロに打ち取られた。

敗戦後は「別に普通です」とクールなコメントを残している。

甲子園では一度もマウンドに上がることができずに終わった高津だが、夏の県予選では、盲腸の手術で出遅れたエース・上田に代わって、連日大奮闘している。

初戦の福山商戦では、七回を二安打四奪三振無四球の無失点に抑え、一一対〇のコールド勝ち。

「福山商戦より調子が良かった」という三回戦の福山誠之館戦では、四安打五奪三振一四球で二試合連続完封の快挙も、「九番打者に（唯一の）四球を出したのは残念です」と反省を忘れなかった。

ベスト八進出がかかった四回戦の安芸府中戦では、初回にカーブが真ん中に入り、先頭打者本塁打を被弾するも、七回を三失点に抑え、八回から当初の予定どおり、大会初登板の上田にマウンドを譲った。

そして、準々決勝の尾道商戦で上田が三対二の完投勝利のあと、準決勝の尾道東戦では高津が先発、五安打一失点に抑え、入院明けのエースの負担を軽減した。

決勝では、上田が広島商を七安打二失点に抑え、三季連続の〝甲子園切符〟を手にしたが、これも〝代役エース〟として登板四試合で三二回を一七安打一四奪三振の四失点という文句なしの結果を出した、高津の力投抜きには語れないだろう。高校三年間で高津が最も輝いた一〇日間だった。

亜大二年時にアンダーハンドからサイドハンドへ

卒業後の進路は、小川成海監督（広島工、日体大）の勧めで亜大に決めた。内田俊雄監督が広島商ＯＢであることから、野球部員も広島県出身者が多かった。小川監督は「お前は大器晩成だ。一歩目は遅いかもしれんけど、いずれはものになる」と激励した。

亜大は高校時代に背番号1ではなかった投手がエースになる例が何度となくあった。一九七九年春に中大と優勝争いを演じたときの両エースも、小松義昌が七五年センバツ優勝の高知の控え投手、宮本賢治（ヤクルト）も七七年夏の甲子園優勝校・東洋大姫路の背番号10だった。一九八四年春の優勝投手・三原昇（日大藤沢）も高校時代は実質エース格ながら、三年生の夏の県大会では背番号10だった（1番は遠藤正史＝日大）。近年では二〇二四年に中日にドラフト一位で入団した草加勝も、創志学園時代は西純矢（阪神）の控えだった。宮本は下手投げ、三原は横手投げという点でも、高津とイメージがかぶる。

結果的に亜大への進学は、高津の野球人生を劇的に変えた。

だが、入学当初の高津は、これまでに経験したことがないほど厳しい野球部の生活になじめず、内心「こんなところに入れやがって」と思っていたという。

練習は朝九時から始まり、夜の七時頃まで延々と続く。

虫歯になっても、歯医者に行く時間がなく、気づいたときには、奥歯が溶けてなくなっていた。

寮では洗濯、掃除、先輩の買い物などの雑用を一手に引き受け、「靴下は紺か黒だけ」「ドテラ着用は禁止」「歩くときは音を立てるな」などの決まりもあった。

つらくなると、寮の屋上に上がっては、夜空の星を眺め、「帰りたいなあ」と故郷・広島に思いを馳せた。

本人も「あの一年はメチャクチャしんどかった。一億円やるからもう一年やれと言われても、絶対にやらない。やれないですよ」（自著『ナンバー2の男』）と回想している。

入学した一九八七年は、絶対エースの阿波野秀幸（横浜桜丘、近鉄、巨人、横浜）、佐藤和弘（＝パンチ　武相、オリックス）ら毎年優勝争いを演じていた主力がゴッソリ抜け、チームも「何とか（入替戦を回避できる）五位になろう」が最低限の目標という苦しい時期。春は四位、秋は五位に終わった。

チームの過渡期にあって、同期の川尻哲郎（日大二、阪神、近鉄、楽天）が春のリーグ戦でいち早くデビューをはたし、五月七日の中大戦で初勝利を挙げるなど二勝を記録。

小池秀郎も五月二八日の駒大戦で、四年生の与田剛（木更津中央、中日、ロッテ、日本ハム、阪神）をリリーフして初勝利。

翌二九日の駒大戦でも、佃守（岡谷南）が完投勝利を挙げ、〝一年生トリオ〟と注目された。

この間、高津はコントロールの良さを買われ、打撃練習でひたすら投げ続けていたが、実戦ではないため、「自分の実力がどの程度なのかわからなかった」という。

だが、一九八八年、二年生になって、下手投げを横手投げに変えたことが、飛躍のきっかけになる。

高校時代は上田との違いをアピールするための下手投げだったが、球威不足を痛感し、「今のままじゃダメだ」と少し肘を上げた横手投げにモデルチェンジ。これがハマり、球速がアップしたことによって、シンカーも生きるようになった。

二年秋に三勝、同期生の四番手以下からナンバー2にのし上がる

そして二年秋、故障者が相次ぐ苦しい台所事情からベンチ入りをはたすと、九月一四日の青学大戦で先発として神宮デビュー。五回一死まで二点に抑えた。

雨で一日延びた同一六日の青学大二回戦、一回二死から先発・中本浩（大阪産業大付）をリリーフした高津は、延長一一回まで一〇回一／三イニングを五安打無失点で投げ抜き、小林秀央（作新学院）の左翼線へのサヨナラ二塁打で、うれしいリーグ戦初勝利を手にする。

さらに九月二〇日の専大戦でも、七安打三失点で完投勝ち。

一〇月七日の中大戦では、五回から小池をリリーフし、延長一一回までの七回を五安打一失点で三勝目。一一回に一点を勝ち越した直後には左前タイムリーとバットでも貢献した。この時点でチームの四勝のうち三勝を挙げるというエース級の活躍ぶりだった。

筆者が初めて高津を見たのは、一〇月二一日の中大二回戦だった。

一回表、中大・笘篠《とましの》賢治（上宮、ヤクルト、広島）が先発・小池の初球を左翼ポール際に運ぶ先頭打者本塁打。筆者はそれから数分後に球場に到着したと記憶している。

その後は両チームともゼロ行進が続き、亜大は六回から高津がマウンドに上がった。中大の先発も同じ横手投げの守田佳久（丸亀商）とあって、「サイド同士の投げ合いか」と興味津々で見守っていたことを覚えている。

中大打線は二週間前の一回戦に続き、高津に九回まで散発の二安打五三振に抑えられ、追加点を挙げられない。守田も六安打無失点と好投し、〝スミ一〟の一対〇で試合が終わった。

神宮に観戦に行きながら、肝心の得点シーンだけ見逃すという皮肉な結果となった。言い換えれば、それだけ両投手の出来が良かったことになる。

だが、記録的な長雨の影響で一〇月二五日にずれ込んだ中大三回戦、この日も小雨が降るなか、先発した高津はリズムに乗れなかった。

一回二死から市原靖志（二松学舎大付）の三塁打を足場に四球と三ゴロエラーで一点を失ったあと、長谷部一彦（柏井）、久保登嗣《たかつぐ》（大阪明星　一九八九年夏に岩倉監督として東東京大会準優勝）に連続タイムリーを浴び、計三失点。二回で早々と降板した。

高津は一〇月一二日の東洋大戦でも、投球が真ん中に集まるところを狙い打たれ、四回途中六失点で降板したように、その日の制球によって出来、不出来があった。

リーグ戦終盤の登板四試合は、〇勝二敗でシーズンを終えた。

それでも小池とともにチーム最多の三勝をマークし、同期生の四番手以下からナンバー2に躍進。後のプロ入りに向けて大きな第一歩を踏み出したシーズンでもあった。

エース・小池秀郎が〝マスコミの寵児〟となる中で

一九八九年も、小池が二月下旬と三月中旬の二度にわたって左太ももの肉離れを発症し、出遅れたため、高津は開幕から一年先輩の弓長起浩《たつひろ》（国東、阪神）とともに投手陣の中心を担う。

四月一八日の駒大戦では、二回に小林の一塁手頭上を越えるタイムリーでもらった一点を、五安打五奪三振無四球で守り抜き、一対〇で大学初完封を達成。

同二七日の中大戦も、一対〇の四回に佐藤友昭（享栄）に逆転二ランを浴びたが、七回二失点で降板直後、八回表に田中雅士（松山商）の逆転二点タイムリーが飛び出し、小池のリリーフを得て二勝目を手にした。

だが、五月以降は、専大戦で延長一四回まで投げ続けながらサヨナラ負けを喫するなど、三連敗と勝ち運に恵まれず、二勝五敗に終わる。

秋も一勝三敗と負け越し、チームも春の五位に続いて四位と連続でAクラス入りを逃した。

そして、一九九〇年春、最上級生になった高津は、「打者は四点、投手は三点の課題が与えられている。バッターの裏をかいて、最終学年、悔いのないようにしたい」と、さらなる飛躍を誓う。

このシーズンで、アマチュアナンバー1左腕としてドラフトの超目玉に躍り出たのが、小池だ

第三部　ああ、涙の入替戦・奇跡の優勝

天国と地獄がかかった名勝負

った。入学時に一七三センチ、七一キロと、投手としては小柄ながら、一年生のときから切れのある球を投げていた。

「入学した頃から、技術では小池のほうが上だったけど、近いところを走っていたはずなのに、気づいたときには、バーッと差をつけられちゃった感じなんですね」（自著『ナンバー2の男』）

主役の座を目指していた二年秋の時点では「あいつ（小池）に勝たれると、本当に悔しい」とライバル心をむき出しにしたが、切磋琢磨していくうちに小池の凄さを肌で思い知らされ、「ナンバー2は僕の宿命。ならば、存在感のある脇役に徹したい」と考えるようになった。

トーナメント一本勝負の高校野球と違って、大学野球のリーグ戦は勝ち点制なので、チームの二番手投手なら、二回戦で先発できる。二番手の座を死守するためにも、初めは「あいつが勝ったら、オレも勝つ」と対抗心を燃やしたが、いつしか「ナンバー2でいてこそ、ナンバー1が生きてくる」へと変わっていった。

一一季ぶり優勝達成の〝もう一人の主役〟となり、感激の涙

一九九〇年四月一〇日の開幕戦、日大戦で、小池は落合英二（作新学院、中日）と延長一二回を投げ合い、一安打一七奪三振で一対〇の完封勝利。

同一二日の三回戦でも一五奪三振と驚異の〝ドクターK〟ぶりを発揮する。

高津もシーズン初先発となった四月一八日の青学大戦で、七回途中まで四安打無失点に抑え、小池のリリーフでシーズン初白星を挙げた。

五月八日の駒大戦では、小池が専大・関清和（鉾田一、ロッテ）のリーグ記録八一を更新するシーズン八七奪三振を達成して、五対〇の完封勝利。

翌九日の駒大二回戦では、高津が延長一〇回を五安打一失点に抑え、二対一で勝利投手に。「大げさなようだけど、駒大に勝つために野球を続けてきたようなもの」と前年春の完封劇以来の相性の良さを証明し、「お前ら二人はチームの牽引車。ぶっちぎれるまで引っ張れ」という内田監督の檄に応えた。

八勝二敗一分の勝ち点四で一二季ぶりの優勝を目前にした亜大は、最終カードで専大と対決した。

五月一六日の一回戦、連戦でやや疲れの見える小池に代わって先発した高津は、岡林洋一（高知商、ヤクルト）と互角に投げ合ったが、〇対〇の七回二死一、二塁、代打・窪田篤史（PL学園）に中前タイムリーを許し、〇対一で惜敗。

残り二戦を連勝しなければ、六勝二敗一分、勝ち点三で翌週に青学大戦を残している二位・駒大に逆転される可能性も出てきた。

だが、翌一七日の二回戦は、小池、川尻、佃のリレーで一一対〇の大勝。

優勝まで「あと一勝」となった。

1990年春　高津、延長10回1失点完投勝利でV引き寄せる

2回戦（5月9日）　延長10回

	1	2	3	4	5	6	7	8	9	10	
亜大	0	0	0	0	1	0	0	0	0	1	2
駒大	1	0	0	0	0	0	0	0	0	0	1

○高津―長谷川
●大庭、近藤、若田部―関川
本塁打＝中村（駒）

そして、五月一八日の三回戦は、小池、岡林の息詰まる投手戦となり、一対一のまま延長戦に突入する。

一一回まで毎回の一八三振を奪い、東京六大学の最多記録（一九二五年秋、明大・湯浅禎夫《よしお》〈米子中、毎日〉の一〇九）をも更新する、シーズン通算一一一奪三振をマークした小池も、回を追うごとに球威が落ちていった。

だが、内田監督は「代える気はなかった。代えればバックがプッツンしてしまう」とエースにすべてを託し、一四回裏二死二、三塁の一打サヨナラのチャンスにも、小池をそのまま打席に送った。

「（奪三振）記録はどうでもよかった。とにかく優勝、胴上げ投手になりたかった」という小池は、ファウルで粘った末、「バットに当てることだけ」を考えて、三塁線に当たり損ねのゴロを転がした。岡林がマウンドを駆け下りて打球を処理し、一塁に送球したが、全力疾走の小池の足が勝り、間一髪セーフ。この瞬間、亜大の優勝が決まった。

試合を終えた亜大ナインが球場から出てきたとき、感極まって目を赤くした高津の姿が真っ先に目に留まった。この日は出番なしで終わったものの、六試合に登板し、三勝一敗、リーグトップの防御率〇・三二を記録したナンバー2は、チームが苦しいときに〝耐える投球〟で必死に踏ん張り〝ナンバー1の男〟小池を見事に生かした〝もう一人の主役〟でもあった。

大学最後の秋は調整不足で精彩欠くエースを支え、連覇に貢献

さらに一九九〇年六月に行われた全日本大学野球選手権でも、高津は「今までで一番凄いピッチングでした」と自ら評したベストピッチを見せる。

準々決勝の福井工大戦で二回二失点と調子が上がらず、心ならずも小池のリリーフを仰いだ高津は、「このままでは自分に納得できない」と内田監督に準決勝の創価大戦での先発を直訴した。「高津を先発に！」とチームメイトたちの後押しを受けてマウンドに上がった背番号11は、右打者のフトコロを強気に直球で攻める闘志溢れる投球で、六回二死までパーフェクト。終わってみれば、打者二八人を二安打完封の快投で、小池を連投させることなく、ナンバー2の仕事を完遂した。

決勝の東北福祉大戦では、小池が矢野輝弘《あきひろ》（＝耀大　桜宮、中日、阪神）、金本知憲《ともあき》（広島、阪神）と後の阪神監督二人が中軸を打つ強力打線を五安打一失点に抑え、一九年ぶり二度目の大学日本一に。

二人のエースが足並みを揃えて勝ち取った栄冠だった。

連覇のかかった秋のリーグ戦は、世界選手権に出場した小池が調整不足と肘を痛めたことに加え、高津も腰を痛めて万全ではなかったが、同期の〝五人目の男〟田淵竜也《たつや》（岡山東商）が二人をカバーし、七勝四敗、勝ち点三で何とか優勝戦線に踏みとどまる。

シーズン後半には小池、高津も復調。最終カードで逆転優勝をかけて、八勝三敗、勝ち点四の首位・駒大と激突した。

一〇月二三日の一回戦は、高津と若田部健一（鎌倉学園、ダイエー、横浜）の投げ合いとなった。

亜大は一回に若田部の暴投に乗じて先制。六回にも無死満塁から、浜崎勇（東海大五）の投前バントを若田部が一塁悪送球する間に二点目を挙げた。若田部は六回で降板し、連続完投勝利の記録も七でストップした。

粘投を続けていた高津は、二対〇の七回に若田部をリリーフした大庭《おおば》恵《さとし》（浜松商）に同点二ランを浴びたが、九回に大関誠（作新学院）の決勝タイムリーで挙げた一点を守り切り、優勝に逆王手をかけた。高津から本塁打した大庭は、オープン戦では三番を任されたこともある二刀流だった。

そして、二回戦は、これまで精彩を欠いていた小池が春を彷彿とさせる二安打一二奪三振の快投を見せ、初回に中村孝志（横浜商）の先頭打者本塁打で挙げた虎の子の一点を死守。

連投の若田部は被安打一の力投も一発に泣き、亜大は一対〇の勝利で見事春秋連覇を達成した。

「結果的に投手力の優勝」と内田監督は、最後の二試合で十二分に持ち味を発揮した高津と小池をたたえた。小池に代わって大事な初戦で先発し、貴重な勝利をもたらした高津が、二回戦での小池の快投を引き出したと言ってもいいだろう。

ここでもナンバー2がナンバー1を生かしたことになる。

ドラフトも「一位小池が外れた場合に指名」だったが

四年秋のリーグ戦前までは、卒業後は社会人でプレーし、都市対抗などの大会に出場後、「できたら野球にピリオドを打ちたい」と考えていた高津だったが、ヤクルト・片岡宏雄スカウト（浪華商、立大、中日、国鉄）が切れの良いシンカーに目をつけ、「変化球を磨けば使える」と将来性を買ったことが運命を変える。

一九九〇年のヤクルトは、競合必至の小池の獲得を狙っていたため、もし小池を引き当てた場合は、「同じ学校から二人を獲ると、出来レースと勘繰られる」として、高津指名を見送る予定だった。こうした事情から、片岡スカウトは、亜大の矢野祐弘《すけひろ》総監督（西条、立大）に獲得意思は伝えたが、高津本人には知らせないことにしていた。

ドラフト会議当日、史上最多タイの八球団競合の末、ロッテが小池を引き当てた結果、ヤクルトは外れ一位で専大・岡林洋一を指名し、三位で高津の指名が実現する。そして、ここから選手、コーチ、監督と、すでに三〇年をこえるプロ野球人生が始まった。

ヤクルト監督として日本一達成直後の二〇二一年一二月、恩人・片岡スカウトの訃報に接した高津は、「片岡さんのおかげで、私はプロ野球のスタートラインに立つことができました。片岡さんの目に留まった私は本当に幸せ者でした。ドラフト一位だけでなく、二位、三位、四位で活躍できた選手がヤクルトに多いのは、片岡さんのスカウト力、眼力だと思います。プロ野球の道を切り開いてくれた片岡さんに心から感謝しています」と最高の賛辞を贈っている。

② 福岡ソフトバンクホークス監督・小久保裕紀（青山学院大学・一九九〇年～一九九三年）

大学入学後に開花した長距離砲

投手に本塁打を打たれ、打者転向後に開花した長距離砲の素質

大学時代の小久保選手（左）。右は清原幸治

就任一年目でリーグ優勝を実現した福岡ソフトバンクホークス・小久保裕紀監督（星林、ダイエー、巨人、ソフトバンク）は、青学大三年時の一九九二年、大学生からただ一人、バルセロナ五輪・野球の日本代表メンバーに選ばれ、銅メダル獲得に貢献した。

投打二刀流だった和歌山県立星林高校時代は地方予選で敗退し、さほど目立った存在ではなかったが、大学入学後に長距離砲としての素質を大きく開花させた。

青学大には投手として入学し、一年秋の駒大戦でリーグ戦初登板をはたすも、後に福岡ダイエーホークスでチームメイトに

なる投手の若田部健一に特大の本塁打を打たれたことがきっかけで、投手を廃業して、打者に転向。

そして、ここからNPB通算二〇四一安打（歴代四八位）、四一三本塁打（歴代一七位）、一三〇四打点（歴代一七位）を記録した〝球界のレジェンド〟へと大きな第一歩を踏み出していく。

〝腕試し〟のつもりで受けた青学大セレクションで好投

中学時代からプロを目指していた小久保は、地元の強豪・智弁和歌山のセレクションを受けるが、投手志望だったのに、「投手としては不合格。野手としては合格」と判定されたことから、あくまで投手にこだわり、県立校の星林に進学した。

和歌山市立城東中学校時代に正田耕三（市和歌山商、広島）を育て、全日本軟式野球大会で連続優勝を達成した谷口健次監督（桐蔭、関大）が熱心に誘ってくれたばかりでなく、「軟式野球のトップクラスを集めている」という話も決め手となった。

一九六八年春夏と八三年春に甲子園に出場した同校も、小久保の入学時は三年生が二人だけ。部員は新入生を合わせても一三人と、まだこれからのチームだった。

それから二年後の一九八九年、県内トップクラスの強豪となり、二一年ぶりの夏の甲子園を狙うチームにあって、小久保は三番センターと攻守の中心を務める一方、同学年の背番号1・砂村秀樹（中大）、米本貴則とともに、右の本格派トリオを形成した。

最後の夏、小久保は初戦の吉備戦で先発し、五回を一失点に抑えて、一一対一の六回コールド勝ち。

三回戦、準々決勝も大勝し、目標の甲子園まであと二勝となった。小久保は準々決勝の那賀戦で二安打二打点を記録するなど、三試合で一〇打数六安打三打点と、打者としても存分に力を発揮した。

だが、準決勝の桐蔭戦は、同点の五回に二点を勝ち越され、七回からリリーフした小久保も二点を献上。桐蔭の左腕・前川敦英の落差のあるカーブをとらえきれないまま、二対七で敗れた。

「負けたときは、胸にポッカリ穴が開いたという感じで……。最後のチャンスだったから、悔しかったですね」と回想する。

当初は就職する予定だった。六歳のときに両親が離婚し、母子家庭で育ったので、進学すると母に経済的負担をかけてしまうことを気にかけていた。すでに二つの会社から内定をもらっていた。

ところが、そんな矢先、母から「大学に行ってほしい」と要望された。長男だから多少無理してでも大学に行かせてやりたいという親心からだった。後年、小久保は「東都スポーツ」の取材の際に「母にはわがままばかりをずっと聞いてもらっていたし、人よりいろいろなものを買ってもらった。今あるのは母のおかげ」と回想している。

「お金の心配は要らない」と母に背中を押される形で、谷口監督に進学の相談をすると、方々に連絡を取って、複数の大学に話を通してくれた。

その中から最初に東都の青学大のセレクションを受けることになった。本命は地元・関西エリアの大学だったが、まずセレクションの雰囲気に慣れさせようという恩師の配慮だった。

当初は打者として受験するつもりだった。

将来のためには外野手より内野手のほうが有利という考えから、急きょ内野の守備練習を始めた。だが、急造内野手では、全国から有望選手が集まるセレクションで通用しないのは目に見えていた。

結局、谷口監督の勧めに従い、投手で受験することになった。

もとより投手で合格できるという保証はなかったが、〝腕試し〟と割り切った受験ならではのチャレンジ精神が結果的に吉と出るのだから、人生何が幸いするか、本当にわからない。

青学大のセレクションには、白鳥隆志（青森戸山）、椎名博樹（秋田）、センバツの優勝捕手・原浩高（東邦）、当時西武でプレーしていた清原和博（PL学園、西武、巨人、オリックス）の弟で、PL学園の主将・清原幸治、高山健一（東農大二、広島、西武）、久保貴司（高知商）といった甲子園球児やドラフト上位候補の錚々たるメンバーが顔を揃えていた。

そんななか、小久保は「ダメでもともと」という気楽さから、試合形式の実戦練習では、咄嗟の思いつきで少し腕を下げたサイドに近いフォームに変えて投球すると、ほとんど安打を打たれず、三振もいくつか奪った。

そして、小久保自身が「一番ビックリした」という好投が認められ、「本当は受かる予定じゃなかった」青学大に合格。この結果、他の大学は受験せず、本人の言葉を借りると、「大学野球のことなんて何も知らんかった関西の田舎もんが東京に乗り込んできたんや」（週刊ベースボール増刊「大学野球」一九九三年四月一〇日号）ということになる。

このとき、小久保と最後の一枠を争った鳥越裕介（臼杵、明大、中日、ダイエー）も、後にダイエーでチームメイトになった。

大学デビュー戦で若田部投手に打たれた特大ホームラン

投手として青学大に入学した小久保は、一九九〇年九月一八日の秋のリーグ戦、駒大戦一回戦で同期の一年生の投手の中で最初に神宮デビューを飾る。

七回二死から三番手でマウンドに上がったが、投手の若田部健一（鎌倉学園、ダイエー、横浜）に特大の左越え二ランを浴びるなど、ほろ苦い大学デビューとなった。

当時の東都はまだＤＨ制が導入されていなかったので（一九九四年秋から導入）、投手も打席に立った。駒大は伝統的に投手の打撃が良いイメージがあり、日本ハムや巨人などで活躍した河野博文（明徳、日本ハム、巨人、ロッテ）は、駒大三年時の一九八三年九月七日の中大二回戦で、四番投手で出場。投げては完封、打っても先制打と投打にわたって勝利に貢献した。河野の一年先輩・助川清隆（八戸西）、若田部の三年後輩の高木浩之（享栄、西武）も投打二刀流だった。

若田部も九月二八日の東洋大戦でシーズン二号を放っており、本職の打者顔負けの長打力があった。

入学時から「プロに行くなら野手で」と考えていた小久保も、打たれたショックはなく、投手に踏ん切りをつけるには、いい機会だった。「あのスーパースターに打たれたんですから」と言い訳も立った。

河原井正雄監督（桐生、青学大）も「いいボールを投げてはいたんですが、本人がバッティングに魅力を感じているようでしたから」と打者転向を指示し、三塁手にコンバートした。

翌九一年春はパワーを買われ、〝秘密兵器〟として六番サードでレギュラーの座を獲得したかにみえたが、リーグ戦開幕直前の慶大とのオープン戦でファウルを打ったときに左手有鈎骨《ゆうこうこつ》を骨折。春は出場できずに終わり、「それはもうへこみましたよ」とつらい日々を送った。

強打者覚醒、因縁の若田部からシーズン二本塁打を記録

そんな試練を乗り越え、同年秋に〝強打者・小久保〟がベールを脱ぐ。

開幕カードの亜大二回戦でリーグ戦初打点を挙げると、九月二〇日の日大二回戦では、門奈哲《もんなてつ》

寛《ひろ》（常葉菊川、巨人）からリーグ戦初アーチを記録。チームも開幕から無傷の六連勝と首位を走った。

そして、一〇月一〇日の駒大戦でも、三対七とリードされた九回に因縁の若田部から一点差に迫る左越え三ランを放ったが、六対七で敗れ、V争いは混沌としてきた。

秋の長雨の影響で日程順延が相次ぐなか、八勝二敗の勝ち点三（未消化カード二）の駒大に対し、青学大は六勝二敗の勝ち点三（未消化カード二）。一〇月三〇日の直接対決の二回戦に敗れ、勝ち点を落とせば、一九八九年秋以来四季ぶりの優勝も絶望となる。

目の前で駒大の胴上げを見ることだけは何としても阻止したい青学大は、肩の故障から復活したエース・岩崎充宏（PL学園）がシーズン初先発。ドラフトの超目玉・若田部に一歩も引かない力投を見せ、スコアボードに一七個のゼロが並んだ。

岩崎は高校時代に野村弘樹（PL学園、横浜）、橋本清（PL学園、巨人、ダイエー）とともに〝三本の矢〟と並び称され、一九八七年夏の甲子園決勝、常総学院戦では、四対一の七回二死から野村をリリーフ、九回まで一失点に抑え、春夏連覇達成の胴上げ投手になったことを覚えているファンも多いはずだ。

青学大入学後は、八八年四月五日の開幕戦、中大戦で八回からリリーフとしてリーグ戦デビューも、四対四の延長一〇回二死満塁のピンチで、ボテボテの投ゴロの一塁送球を焦って転倒し、痛恨のサヨナラ負け。この試合を見ていた筆者も、母校の勝利にもかかわらず、切ない気持ちになり、以来、岩崎は気になる存在になった。

岩崎はこの悔しさをバネに、八九年秋に六試合連続完投勝ちを収めて青学大の二度目の優勝に貢献。MVPと最優秀投手に輝いた。

だが、三年時に右肩を痛めてしまう。

九〇年春、六年ぶりに復刊した「東都スポーツ」の表紙は、前シーズンのMVP・岩崎で飾るはずだったが、開幕戦の東洋大戦で登板できなかったため、第二試合で投げた日大・落合英二（作新学院、中日）に変更された。岩崎はそれから一年以上の長きにわたって、ほとんど登板できず、苦闘の日々を過ごすことになる。

その岩崎が大学ラストシーズンで、「これまで投げられなかった分まで」とばかりに奮闘する姿は、試合後に河原井監督も「岩崎がよく投げた」と目を真っ赤にするほど感動的だった。青学大ナインも「何とか勝利投手にしてやりたい」という思いで一致していたはずだ。

そして、〇対〇の九回裏、若田部に八回まで三安打八三振に抑えられていた青学大は、小久保が先頭打者として打席に入る。河原井監督は少ないチャンスをモノにしようと、「いいか。塁に出たら走れよ」と耳打ちした。だが、結果的にこの指示が守られることはなかった。

小久保はファウルのあとの二球目、スライダーを鋭く一振。「今日も（一〇月一〇日に本塁打した）直球を狙ったけど、変化したみたいですね」と狙い球の違いを物ともせず、持ち前のパワーで運んだ打球は、劇的なサヨナラ弾となって左中間スタンド最前列に飛び込んでいった。

1991年秋　小久保が若田部からサヨナラ本塁打

2回戦（10月30日）

	1	2	3	4	5	6	7	8	9	
駒大	0	0	0	0	0	0	0	0	0	0
青学大	0	0	0	0	0	0	0	0	1×	1

●若田部―田口
○岩崎―原
本塁打＝小久保（青）

ガッツポーズをしながらダイヤモンドを一周した二〇歳のヒーローは「サヨナラ本塁打なんて高校のときの練習試合で打ったことがあっただけ」と喜びを爆発させた。

一方、同一シーズンで小久保に二本目の本塁打を喫した若田部は、さすがにショックの色を隠せず、「先頭打者から塁に出さないように注意したんですが……」と消え入るような声で話すのが精一杯だった。

この勝利で逆転優勝に望みをつないだ青学大だったが、今度は強行日程という試練が待ち受けていた。

雨で多くの試合が流れたことに加え、このシーズンから優勝校に贈られることになった文部大臣杯を、井上裕《ゆたか》文部大臣のスケジュールが唯一空いている一一月一日夕方に授与したいという事情から、一〇月三〇日からの三日間で、一一月一日のダブルヘッダーを含む異例の四連戦が組まれたのだ。

結果的に駒大、東洋大戦のいずれも三回戦で敗れ、惜しくもV逸となったが、小久保は打率三割ちょうど、四本塁打、八打点の好成績で初のベストナイン選出。さらに「（ドラフトで四球団が競合の）

あの若田部から二ホーマー」の実績から、一二月には翌年のバルセロナ五輪代表メンバーの選考会を兼ねた合宿にも呼ばれ、大学生でただ一人、二〇人のメンバー入りをはたした。まさに野球人生を劇的に変えた本塁打だった。

後年、ダイエーでチームメイトになった若田部からも「今のお前があるのは、オレのおかげだ」と冗談めかして言われ、小久保自身も「あの一打がオレの名前が話題になる出発点になったしね。オリンピックメンバー入りだって、すべてはあの場面から始まったんだ」と振り返っている。

その一方で、「周囲は運が良かったと片づけるが、そのチャンスをつかむために下準備をし、それなりの過程を経て今に至った。自分はそこにこだわりたい」（「東都スポーツ」一九九三年秋季リーグ展望号）とも言っている。

V9を達成した巨人・川上哲治監督（熊本工、巨人）の名言「これほどまでの努力を、人は運と言う」（成功は単なる偶然や幸運によるものではなく、目に見えない努力が積み重ねられた結果である）に相通じるものがある。

大学生で唯一出場したバルセロナ五輪で野球観が劇的に変わる

翌九二年夏、初めて野球が正式種目になったバルセロナ五輪に出場した小久保は、予選リーグで二本塁打を記録したが、その後、調子が下降気味となり、予選リーグ最終戦の米国戦で五打数無安打に終わると、準決勝の台湾戦ではスタメン落ち。チームも郭李建夫《クォーリーチェンフー》（阪神）の好投の前に二対五と敗れ、目標の金メダルは夢と消えた。

だが、まだ銅メダルのチャンスが残っている。八月五日の米国との三位決定戦、七番レフトで再び先発起用された小久保は「ここで（使ってくれた）山中正竹監督（佐伯鶴城、法大）に恩返しせんかったら、いつするんだ」と気迫を前面に出し、二回無死一、二塁のチャンスに三塁線を破る先制タイムリー。一挙四得点の呼び水となった。

さらに一点差に追い上げられた六回にも、貴重な追加点となるタイムリー二塁打で、再び一イニング四得点を呼び込み、八対三で勝利。

効果的な二本のタイムリーで、銅メダル獲得に大きく貢献した。

大学生でただ一人、全日本の中心選手として世界を相手に戦った小久保は、「これまで自分の野球は中途半端だったと思う。けれど、オリンピックはそれでは勝てない。全日本ではやれることをすべてやって、ゲームに臨むという勝利への執念を学びました」と野球観が一八〇度変わるほどの刺激を受けた。

チーム復帰後は、「技術だけでなく、ゲームマナーや野球に取り組む姿勢から何から何まで〝さすが〟と言われるようなプレーをする」を目標に掲げ、チームメイトには国際大会での貴重な経験を余すところなく伝えた。河原井監督も「攻走守すべてにおいて群を抜いている。練習も頭が下がるくらいやりまくるし、とにかく大変な選手です」と賛辞を惜しまなかった。

入学時から良きライバルとして切磋琢磨してきた清原幸治も、「とことん練習をして妥協しない。チームのまとめ役として十分過ぎるほど頑張っている。自分から見たら良いところばかり。あいつは決意したら必ずやり遂げる。そういう点は見習いたい」と一目置いていた。

四年春の完全優勝、大学日本一を主将として達成

そして、一九九三年春、主将になった小久保は「ウチが優勝したのは、オレらが入る前の年やったから（八八年秋と八九年秋）、誰も優勝を知らない」と、大学最後の目標実現に闘志を燃やす。

青学大は開幕前に不安視された投手陣が踏ん張り、四連勝スタート。五月に入ると、不振だった小久保、清原、高山の主軸トリオも復調し、七勝一敗の勝ち点三で、駒大戦を迎えた。すでにV戦線から脱落しているとはいえ、攻守に隙のないチームで、油断のならない相手だ。

五月一八日の一回戦は、清原が初回に河原純一（川崎北、巨人、西武、中日）から右翼ポール左に二ランを放って先手を取り、中川隆治（武蔵越生《おごせ》、近鉄）の好投で三対二と逃げ切り。翌一九日に連勝すれば、日大、東洋大が残り試合を全勝しても勝率で上回ることができず、青学大の七季ぶりVが決定する。

青学大・白鳥隆志、駒大・木村孔士《こうじ》（福岡大大濠）の両先発で始まった試合は、五回に斉藤弘一（静岡）のタイムリーで一点を勝ち越されるが、一対二の八回にチャンスがめぐってきた。

小久保、清原の三、四番が三番手・高木浩之から連続四死球で出塁し、高山が送って一死二、三塁。一打逆転の場面で、「四年生が優勝していなかったので、何とか協力したかったんですよ」という一年生・井口忠仁（＝資仁　国学院久我山、ダイエー、MLB、ロッテ）が右中間に起死回生の二点タイムリー三塁打を放ち、ついに逆転。両足首を痛め、試合前のノックも受けられない状態にもかかわらず、ここ一番でスーパー一年生の底力を見せつけた。

だが、一点リードで迎えた九回裏、毎回走者を出しながらも要所を締めてきた白鳥が二死二塁のピンチを招き、一番・上茂《かみ》雄（近大福山）がセンターの頭上を抜けるかというライナーを放つ。誰もが同点を覚悟した直後、松元純也（鹿児島商）が背走して執念のジャンピングキャッチでゲームセット。ハラハラドキドキの末、劇的な幕切れで青学大の優勝が決まった。

五月二一日の東洋大戦も九対〇と完勝し、勝ち点五の完全優勝を成し遂げた青学大は、初出場の全国大学野球選手権でも、決勝でプロ注目左腕・河原隆一（横浜商、横浜）を擁する関東学院大を三対一で下し、東都では一九七一年の亜大以来の初出場日本一を達成。小久保も全試合で安打を記録し、主砲の責任をはたした。

そして、同年から導入された逆指名制度下のドラフトで、小久保は五輪銅メダル、大学日本一という輝かしい実績を手土産に、逆指名の二位でダイエーに入団。

「大学の四年間、いちばん遊びたい時期ですけど、我慢しながら野球ばっかり。でも、こうしてプロで生活できるのも、そのお蔭ですからね」（『東都大學野球連盟七十年史』）と回想している。

③ 埼玉西武ライオンズ監督・西口文也（立正大学・一九九一年〜一九九四年）

入替戦を五回経験したエース

立正大初の一部昇格の立役者

二〇二五年シーズンから埼玉西武ライオンズの監督に就任した西口文也（県和歌山商、西武）は、立正大在学中、七シーズンを二部で過ごし、一年秋から四年秋まで計五度にわたって入替戦を経験している。

1993年秋、東農大との入替戦で力投する大学時代の西口投手

二年秋は最優秀投手に輝きながら、入替戦では一部初昇格の夢を絶たれる延長戦決勝弾に泣いた。

三年秋からは三季連続で入替戦に出場し、昇格→降格→昇格という、まさに激動の一年半だった。

そして、大学最後の入替戦では、亜大・入来祐作（PL学園、巨人、日本ハム、横浜）とのライバル対決を制し、一部復帰を後輩たちへの置き土産にプロ入りしている。

一九八四年秋に二部で初Vも、国士大に惜敗し一部昇格ならず

一九八八年、県立和歌山商業入学後、二塁手志望だった西口は、一年の途中から投手に転向。打撃投手を経て、紅白戦の好投が認められ、エースに成長した。

だが、宮地昭雄監督は「ふだんの練習態度を見て」という理由からエースナンバーを与えず、背番号は3だった。チームメイトたちもこの処置に納得しており、西口自身も「さぼるところは、うまくさぼっていたのがバレていた」と明かしている。

高校時代は二年秋の県大会で三位に入ったが、夏は勝ち運に恵まれず、三年連続初戦敗退。最後の夏も初戦でシード校の南部と当たり、二対五で敗れた。

和歌山では「大会屈指の本格派」と呼ばれた西口だが、当時は直球とカーブだけが持ち球で、最速も一三六キロ。ドラフト候補になるほどの注目選手ではなかった。

立正大進学は、大学側から宮地監督を通じて受験を勧められた。地元・関西の大学からも誘いがあったが、「どうせなら、近場の大学より遠くに」というチャレンジ精神から立正大を選んだ。

立正大学は一九五九年に東都リーグに加盟し、準加盟の二部からスタート。六三年に準加盟二部、翌六四年春に準加盟一部で優勝し、東都三部に昇格すると、六七年春に二部初昇格。翌六八

年春から二二年間の長きにわたり、二部に定着していた。

八四年秋には、田口操（大宮北）の力投で二部初優勝を実現。入替戦では国士大に二試合とも一点差で惜敗したものの、その後も立正大は二部で安定した成績を残し、西口の入学直前の一九九〇年秋にも二位になるなど、悲願の一部初昇格までもう一歩というところまで来ていた。

学校創立一二〇年で五〇〇〇人の大応援背に一部昇格に挑んだが

一九九一年春、立正大に入学した西口は「とにかく走った」と回想する。夜間練習でもひたすら走り続け、グラウンドのホームベースからバックスクリーンまで何往復もした。プロ入り後の躍動感溢れる投球フォームは、しっかり体力づくりを行った大学時代に培われたものだという。

一年生の秋、チームは四連覇目前の中大から連勝で勝ち点を挙げ、逆転優勝。七年ぶりに入替戦に出場したが、町田公二郎（明徳義塾、広島、阪神）がいた専大に一勝二敗で敗れ、西口も登板なしで終わった。

翌九二年、二年生になった西口は、五月二五日の中大戦で、投げては一失点完投、打っては本塁打と〝二刀流〟の活躍を見せるなど急成長。「フォークがよく決まり、真っすぐに威力が出てきた」同年秋には五連勝を記録して、二季ぶり優勝に貢献するとともに、最優秀投手に選ばれた。

入替戦の相手は国学大だった。

春の入替戦で専大に連勝し、六季ぶり一部復帰の国学大は、入学した年の秋に二部転落を味わった選手たちが四年生になり、「たった一シーズンでの降格は御免」と必勝を期していた。

両チームの実力はほぼ互角。三試合ともいずれも一点差の大接戦になった。

一一月一一日の一回戦は、二対二の九回二死一、二塁、小島岳（前橋育英）の左前サヨナラ打で立正大が先勝した。

翌一二日の二回戦、西口は一部初昇格をかけて先発したが、初回、主務（マネージャー）兼任で四番捕手を務める異色の強打者・立川浩士（佐野）に先制タイムリーを許してしまう。これに対し、味方打線は毎回のように得点圏に走者を進めながら、あと一打が出ない。

西口は〇対一の六回に代打を送られ降板。六回を五安打五奪三振一失点の好投も報われず、負け投手になった。

そして、一勝一敗で迎えた三回戦もがっぷり四つの大熱戦となる。

立正大は〇対二の八回二死満塁、主将の藤木敦（春日丘）が執念の同点タイムリーを放ち、延長戦へ。

西口も九回から四番手として登板、延長一〇回から酒井弘樹（関東一、近鉄、阪神）をリリーフした二年生左腕・浅見大輔（竜ヶ崎一）と互角に投げ合い、ともにスコアボードに〇を並べていく。

だが一二回、西口は先頭の立川に内角直球を右翼ポール際に運ばれ、決勝点を許す。九回二死満塁のチャンスで西口に三振を喫していた四番打者の意地の一発だった。

この日の西口は四回を五安打八奪三振一失点の力投も、試合はそのまま二対三で敗れ、一部昇格ならず……。

学校創立一二〇周年での一部昇格実現を期待して、神宮に駆けつけた五〇〇〇人の大応援に報いることができなかった早川京悟監督（千葉商、立正大）も、「これだけの応援を頂いたのに力がなかったのでしょう。これが一部の壁です」と無念さをあらわにした。

一度は負けを覚悟した総力戦、大逆転でついに一部昇格の悲願達成

翌九三年春は、西口が肩の故障で登板二試合、二回一／三の四失点と働けず、チームも五位に終わったが、秋は西口が五勝と復活し、西尾享佑（名古屋学院）とのダブルエースで二季ぶりに優勝。入替戦で東農大と対決した。

一一月三日の一回戦は、西尾が二失点完投で五対二の快勝。一部昇格に王手をかけた。

だが、翌四日の二回戦は、先発・西口が二回一死二、三塁のピンチに暴投で先制点を献上。三回にも岩崎勝己（上宮）に右越えソロを浴びた。岩崎は高校時代、元木大介（巨人）、種田仁

（中日、横浜、西武）と同期。一九八九年センバツ決勝の東邦戦で、三塁手・種田の二塁へのサヨナラ悪送球となったボールを必死に追いかけていた右翼手といえば、思い出すファンも多いことだろう。

西口は岩崎の一発で早々と降板。二番手・長谷川純一（千葉商）が九回まで散発四安打の無失点に抑えただけに、序盤の二失点が惜しまれた。

打線も連投の戸栗哲也（白根）から一一安打を放つも、一点に抑えられ、一勝一敗のタイに。

そして、一一月五日の三回戦でも、立正大は苦戦を強いられる。

二回に一点を先制も、三回に鈴木伸浩（宇都宮工）の二ランで逆転され、六回にも上原健治（沖縄水産）のソロで一点を失う。

九回から五番手でリリーフした西口も丸山勝成（東農大二）にダメ押しとも言うべき一発を浴び、一対四。ますます苦しくなった。

だが、勝負は下駄を履くまでわからない。敗色濃厚の九回裏、立正大は三番・竹本好祐（朝霞）から三者連続四球を選び、三連投の戸栗を降板に追い込むと、無死満塁から代打・須藤英明（埼工大深谷）が二番手・菅野正文（横浜）から中犠飛。中村要（足立学園）も右中間二点タイムリーで続き、一気に試合を振り出しに戻す。なおも一打サヨナラのチャンスで、西口に代打が送られたが、一部残留にかける東農大も必死に守り切った。

そして延長一〇回、六番手・吉沢卓也（佐久）が二死一、二塁のピンチを無失点で切り抜けると、その裏、安打と敵失などで一死二、三塁のチャンス。東農大は栗林豊（帝京）を敬遠して満塁策で対抗したが、次打者・宇田川剛《たけし》（足利工大付）も押し出し四球を選んでサヨナラ勝ち。

一度は負けを覚悟した土俵際からの大逆襲で、ついに一部初昇格の悲願を実現した。

ベンチ入り二五人中二二人が出場する総力戦の末の劇的勝利に、一九九一年秋から三度目の挑戦で大願を成就した就任七年目、早川監督も、「まさに三度目の正直ですね。選手に感謝、感謝ですね」と感無量だった。

一部のレベルの高さにはね返され、一シーズンで無念の二部落ち

翌九四年、四年目の春に一部でプレーする夢がかなった西口はシーズン開幕前、「故障もなく順調に仕上がってきています。去年は抜いた球をよく打たれたので、今年は特に注意したい。下半身の使い方をもっとうまくして、ここというときに思うところに投げられるコントロールを身につけたい」とさらなる飛躍を誓った。

だが、皮肉にも再び肩の不調で出遅れてしまう。

二カード目の東洋大戦から復帰し、最速一四五キロ、リーグ五位の防御率一・七四を記録するも、チーム打率一割六分八厘と一部の投手に苦しんだ打線の援護を得られず、〇勝三敗に終わる。

チームも二勝一〇敗、勝ち点ゼロの最下位に沈み、入替戦で厚沢和幸（大宮工、日本ハム）、小《お》柳津《やいづ》博史（大阪学院）のエース二枚看板を擁する国士舘大と対決することになった。

六月四日の一回戦、立正大は厚沢に五回二死まで無安打と沈黙も、初安打をきっかけに先制の一点をもぎ取る。

だが、西口もその裏、山本真一郎（広陵）に逆転二塁打を浴び、「まずいと思った」が、直後の六回に勝利の女神が微笑む。

一点を追う立正大は、一死二塁から厚沢が三連続四死球と自滅したのに乗じて同点、さらに田崎征夫《まさお》（宇都宮南）と栗林の二点タイムリー二本で六対二と一気に突き放した。

「五点も取ってくれたので助かった」と気持ちに余裕ができた西口も七安打一〇奪三振二失点完投で神宮球場初勝利、一部残留にリーチをかけた。

だが、一年生左腕・広田庄司（三重海星、ダイエー）が先発した翌五日の二回戦は、打線がもう一人のエース・小柳津に打者二八人の一安打とほぼ完璧に抑えられ、二塁も踏めず、〇対三と完敗した。

そして、一勝一敗で迎えた六月六日の三回戦、立正大は一部残留をかけて西口が先発。これに対し、国士大はリーグ戦で二試合、三イニングしか投げていない羽賀浩之（日大三）をぶつけてきた。「二試合戦って、立正大打線は横の変化球に弱い」と分析した武居《たけすえ》邦生監督（九州工、国士大）が、スライダーとシンカーを武器にする羽賀を〝秘密兵器〟として起用したのだ。

試合は西口の立ち上がりが明暗を分けた。

初回、先頭の山本に四球を与えると、送りバントと右飛で二死三塁、四番・鷹野史寿《ふみとし》（浦和学院、近鉄、楽天）の三塁内野安打で一点を先制された。

その後、西口は四回一死満塁のピンチをしのぐなど、八回まで無失点に抑えたが、味方打線は、適度に荒れる羽賀に的を絞れず、初回からゼロ行進。五回に三四死球で満塁のチャンスも、西口が羽賀のフォークにタイミングが合わず、三振に倒れた。

「行けるところまで行くだけ」と初回から飛ばした羽賀は、七回に四球などで二死一、二塁のピンチを招くと、被安打ゼロのまま、厚沢にマウンドを譲った。立正大は一打同点のチャンスも、栗林遊ゴロで反撃ならず。初回の一失点が重くのしかかる。

八回にも二死から宇田川がチーム初安打を放ち、一、二塁とチャンスを広げるも無得点。二試合連続の一安打完封負けという屈辱を味わい、たった一シーズンで一部の座を明け渡した。

西口は「力は十分一部でも通用したと思います。あとは先頭打者をいきなりフォアボールで出したりしないよう注意したい」とたった一点に泣いた入替戦の苦い体験を教訓に「秋は粘るピッチングをして、投げる試合は全部抑えたい」とラストシーズンでの一部復帰にすべてを賭けた。

亜大・入来祐作と死闘を演じた四年秋の入替戦

だが、総決算の秋も体調を崩し、チームは優勝したものの、西口は五試合登板の三勝一敗にとどまった。

エースの座も、七試合に登板し、六勝〇敗の広田に奪われたが、七月に就任した伊藤由紀夫監督は「入替戦は、西口（中心）で行く」と厚い信頼を寄せた。西口が意気に感じたのは言うまでもない。

入替戦の相手は、亜大だった。

一年生のときからエースとしてチームを支え、通算二三勝の大黒柱・入来祐作が、登板過多の影響で右腕血行障害を起こし、秋のリーグ戦を無念の欠場。エース不在のチームは、一九七八年秋以来、三二季ぶりの最下位に沈んだ。

一〇月上旬から一〇日間入院して点滴治療を受けた入来は退院後、エースの責任感から入替戦での登板を熱望したが、医師の返事は限りなく「ノー」に近かった。だが、入来は「自分がいなくて、チームに迷惑をかけた。自分のことより、四年間お世話になった大学に恩返しするため、絶対間に合わせよう」と、退院二日後にはキャッチボールを始め、内田俊雄監督（広島商、亜大）に「もう大丈夫です。治りました。投げさせてください」と直訴した。

絶対に一部復帰を実現して卒業しようと固く決意した西口、一方、右肩不安を承知の上で三〇年続いた一部の座を何としても守り切ろうとする入来。両エースの湧き立つような闘志が、勝てば天国、負ければ地獄の入替戦で真っ向から激突することになった。

一一月一〇日の一回戦は、初回で明暗が分かれた。

一回表、亜大は立ち上がりが不安定な西口から四球などで一死二、三塁のチャンスをつくると、暴投と犠飛で二点を先制。いきなり無安打で二点を献上という悪い流れになったが、その裏、立正大もすぐさま反撃する。

亜大の先発・坂田正樹（熊本工）を二死満塁と攻め立て、続木《つづき》仁（川之江）が左越えに飛球を放つと、左翼手が目測を誤り、幸運な走者一掃の逆転三塁打になった。

西口は二回から立ち直り、亜大も六回途中から入来がリリーフ。

春の開幕カードの立正大戦では、西口と対決機会がなかった入来は、直球とスライダーを主体に打者を次々に打ち取る西口を見て、「二部にはこんなイキのいいピッチャーがいるのか」と対抗心を燃やした。

東都を代表する好投手二人の意地とプライドがぶつかり合った投げ合いは、九回までゼロが並び、三対二で立正大が逃げ切り。一部復帰に王手をかけた。

翌一一日の二回戦は、連投で先発のマウンドに上がった入来が雪辱する。

三回に田中秀二（尾道商）、五回に井端弘和（堀越、中日、巨人）のタイムリーで二点の援護をもらうと、気合満点の投球で、五安打六奪三振完封、一勝一敗のタイに持ち込んだ。

試合後、「肩を痛めてからというもの……」と口にした直後、感極まって涙ぐんだ入来は「見てくれたでしょう。肩はもう何ともない。三回戦？　当然行きます」と決意を新たにした。

野球人生で最も熱くなった試合

そして、アマチュア王座決定戦を挟んで一一月一四日に行われた三回戦では、西口、入来の先発初対決が実現。この日も壮絶な投手戦となった。西口自身も「僕の野球人生でも、最も熱くなったと言っていいだろう」（自著『自然体』）と回想するほど気合が入った試合だった。

「この試合に勝つことだけを考えていた」という西口は、一回無死一塁を送りバント失敗で切り抜け、七回無死一塁も牽制球で走者をアウトにするなど、二四球を許したものの、被安打三奪三振九と、三塁を踏ませぬ快投を見せる。

一方、入来も八安打、四四球を許しながらも要所を締める粘投で、西口と互角に投げ合う。これまで球の勢いで勝負する傾向が強かったのに、この試合では打者を見て配球を考えるワンステップ上の投球ができたことから、入来自身も「大学時代のベストピッチに近い内容だったと思っています」（自著『用具係　入来祐作〜僕には野球しかない』）と振り返っている。

三回二死一塁、中村要に右越え二塁打を許すが、一挙本塁を狙った一塁走者が好返球で本塁タッチアウト。故障上がりで連投するエースをバックも必死でもり立てた。

だが、立正大の各打者はバットを短く持って、球に逆らわずシャープに打ち返し、入来攻略に全力を挙げる。

五回、中村安孝（市船橋）の中越え三塁打のあと、宇田川が詰まりながらも中前に運び、ついに一点をもぎ取った。この先制点は、「一点もらえば勝てると思っていた」西口を一層奮い立たせ、亜大にとって限りなく重いものになった。

一対〇の九回二死二塁、西口は最後の打者・沖原佳典（西条、阪神、楽天）を右直に打ち取り、ゲームセット。

二部降格後、一シーズンで一部復帰を決めた。

これまで三度の入替戦では不本意な結果ばかりだった西口だが、大学最後の試合で晴れて最高の結果を手にし、「後輩たちにいい土産ができた」と安堵の表情を見せた。

さらに四日後のドラフト会議で西武に三位指名され、二重の喜びに浸った。

一方、「（進路は）仮にドラフトで指名があったときに改めて考える」と報道陣に答えた入来は、三連投の結果、右腕がさらに悪化し、プロ側も指名を回避。右肩手術を経て、本田技研で心機一転出直し、二年後にドラフト一位で巨人入りしたのは、ご存じのとおりだ。

また、入替戦で最後の打者となった沖原は、楽天時代の二〇〇五年八月二七日の西武戦で、〇対〇の延長一〇回、九回までパーフェクトの西口からチーム初安打となる右前安打を放ち、完全

1994年秋入替戦　西口VS入来の投手戦

1回戦（11月10日）

	1	2	3	4	5	6	7	8	9	
亜大	2	0	0	0	0	0	0	0	0	2
立正大	3	0	0	0	0	0	0	0	×	3

●坂田、部坂、入来―中野
○西口―栗林

2回戦（11月11日）

	1	2	3	4	5	6	7	8	9	
立正大	0	0	0	0	0	0	0	0	0	0
亜大	0	0	1	0	1	0	0	0	×	2

●広田―栗林
○入来―中野

3回戦（11月14日）

	1	2	3	4	5	6	7	8	9	
亜大	0	0	0	0	0	0	0	0	0	0
立正大	0	0	0	0	1	0	0	0	0	1

●入来―中野
○西口―渡辺

試合を阻止している。

プロ通算三度の〝ノーノー未遂〟で知られる西口だが、大学時代の入替戦での〝因縁対決〟をキーワードに考えると、沖原がどんな気持ちで打席に入ったか、別の視点で話が膨らんでくるのも、野球の妙味でもある。

④ 広島東洋カープ監督・新井貴浩（駒澤大学・一九九五年〜一九九八年）

努力と人柄で切り開いたプロへの道

なぜ目立つ実績がないのにプロ野球選手になれたのか

野球少年の誰もが「プロ野球選手になりたい」と夢見る。

日米通算四三六七安打の金字塔を打ち立てたイチロー（愛工大名電、オリックス、ＭＬＢ）が、小学校の卒業文集に「僕の夢は、一流のプロ野球選手になることです」と書いたこともよく知られている。

1998年4月29日の日大2回戦の6回に満塁の走者一掃のタイムリー2塁打を放ち、2塁ベース上でポーズを取る新井

だが、最終的に夢をかなえることができた者は、ほんのひと握りに過ぎない。

そんな狭き門にあって、広島・新井貴浩監督（広島工、広島、阪神）は、高校、大学で特に目立った実績を残したわけでもないのに、ドラフト六位でプロ入りの夢を実現したばかりでなく、プロでもひたすら練習に練習を重ねて一軍のレギュラーの座をつかんだ。

さらに二〇〇五年に本塁打王、阪神時代の二〇一一年に打点王を獲得したのをはじめ、通算二〇三安打（歴代二一位）、三一九本塁打（歴代三九位）、一三〇三打点（歴代一八位）という輝かしい実績を残し、リーグ優勝も二度経験した。

そして、現役引退後には、チームを率いる監督にもなった。

ひたむきな努力家であり、人柄の良さから誰からも愛された〝プロ野球選手・新井〟の原点となった駒澤大学時代を振り返ってみよう。

高校時代の恩師に見出された〝心の才能〟

小学三年のときにソフトボールチームに入り、「気づいたら野球をやっていて、野球が好きになった」という新井は、小学校の卒業文集にも将来の夢として「プロ野球選手になる」と書いた。

広島工時代は、一年生の夏（一九九二年）にチームが甲子園に出場。

新井はベンチ入りできなかったが、チームは一回戦で仙台育英、二回戦で桐陽を連破、三回戦では星稜の〝ゴジラ〟松井秀喜（星稜、巨人、ＭＬＢ）を五打席連続敬遠して勝ち上がった明徳義塾に八対〇と大勝し、ベスト八入りした。

三年時は主将で四番レフト。高校最後の夏は、県大会三回戦で福原忍（広陵、東洋大、阪神）、二岡智宏（広陵、近大、巨人、日本ハム）を擁し、全国制覇も期待された優勝候補筆頭の広陵と対戦した。

「一〇人中一〇人が広陵の勝ちと思った試合」と本人も苦戦を覚悟したが、広陵の先発がエースの福原でも、当時一四〇キロ台の速球を売りにしていた三塁手兼投手の二岡でもなく、背番号11の三番手投手だった（福原は故障明けで本調子ではなかった）ことが、「なめるなよ」と闘志に火をつけた。

「本当に捨て身で臨んだ試合」で、新井は初回に先制二点タイムリーを放ち、チームを六対二の大金星に導いた。

だが、〝ジャイアント・キリング〟を達成したことで、「これで甲子園に行ける」と思ったのがいけなかったのか、次の四回戦では自らの二ランも空砲に終わり、西条農に四対五と逆転負け。

「広陵に勝てたってことで、燃え尽きました（笑）。西条農戦は油断していたのかもしれません」

試合に負けたあと、広島工ナインは球場の裏で大泣きしたが、新井は主将の責任感からグッとこらえた。だが、宿舎に帰って、最後のミーティングで「ありがとうございました」と言おうとした瞬間、「急に涙がぼあーっと出てきて」しゃくりあげて泣いたという。

「僕の高校時代の野球といったら本当に下手！　レフトでトンネルしたり、エラーの思い出もたくさんありますよ。三つ三振当たり前。三振か打球が詰まるか。で、ベンチに戻ってきては、いつも監督に怒られていた。キャプテンをやっていたので、唯一褒められるのは、野球への取り組み方でしょうか。僕はセンスもないし、器用でもない。取り柄といったら、体が強いぐらい。だから、まず強い気持ちを持つこと。絶対何とかするんだという気持ちが僕の野球の原点なんです」（日刊スポーツグラフ「Vやねん！タイガース」）

高校時代の恩師・宮川昭正監督（広島工、明大）は、くしくも新井が入学した一九九二年四月に同校の新監督に就任したが、その時点で、新井が三年になったら主将にしようと決めていたという。どんなときでも手を抜かず、「一〇〇本ダッシュしろ」と命じると、一〇〇本すべて手を抜かずに走るひた向きさを買ったのだ。プレー面や技術面では新井を容赦なく叱りまくった恩師は、その一方で、新井の〝心の才能〟を見抜いていた。

「可能であれば、高校卒業後はプロに行きたかった」という新井だが、現実にその可能性はほとんどなく、三、四年後に夢をかなえるためにも、大学、社会人のいずれかで野球を続けようと考えた。

宮川監督に相談すると、「お前は駒澤大学に行け」と言われた。広島工時代は高津臣吾（亜大、ヤクルト、MLB）と同期だった宮川監督は明大OBだが、同校の投手コーチが駒大・太田誠監督（浜松西）の後輩にあたり、そのつながりからルートができた。

新井の人間性を見込んだ宮川監督は「彼なら選手として活躍できなくても、（裏方の）マネージャーとしてでもやり抜くだろう」と考えて駒大進学を勧めたそうだが、この時点で後に名球会入りする大選手になろうとは、さすがに恩師も予見できなかったようだ。

大物同期生たちにビビったが、根拠なき自信もあった

当時の駒大は、一九九一年秋、九二年春、九三年秋、九四年春と毎年春か秋のいずれかを優勝し、黄金時代の真っただ中。

ドラフトでも九一年に若田部健一（鎌倉学園、ダイエー、横浜）がダイエー、竹下潤（静岡市商、西武）が西武に揃って一位指名され、九四年にも河原純一（川崎北、巨人、西武、中日）が巨人に逆指名一位で入団するなど、プロにも多数の選手を送り込んでいた。

新井と同期の一年生も、進学希望だった城島健司（別府大付、ダイエー、MLB、阪神）はドラフト後に一位指名のダイエーに入団したものの、夏の甲子園決勝戦、樟南戦で、決勝満塁本塁打を放った西原正勝（佐賀商）、大学時代に三年春と四年秋の二度首位打者に輝いた板野真士《しんじ》（岡山理大付）、センバツ四強のPL学園の主力・光武徳起《のりおき》ら、錚々たるメンバーが顔を並べていた。

「これはレギュラーにはなれそうもない」と新井自身も危機感を抱いたが、その一方で、「何とかなるだろう」という〝根拠のない自信〟のようなものも芽生えていた。

「相手がこうだから、状況がこうだから、自分はこうしよう、などという戦略は一切考えない。相手が基準ではないのだ。『絶対にやってやる！』という気持ちを強く持ち、打つときも一所懸

命、守るときも一所懸命、走るのも一所懸命。絶対に手を抜かない。そうすれば、結果はついてくると思っていた。仮に思ったとおりの結果にはならなかったとしても、自分が成長できると信じていた」（自著『阪神の四番　七転八起』）

そんな誰にも負けない強い気持ちが、一年春からのベンチ入りにつながる。

一九九五年五月九日の青学大戦で代打デビューすると、翌一〇日は九番レフトで先発出場。初戦は倉野信次（宇治山田、ダイエー）、二戦目も沢崎俊和（志学館、広島）といずれも東都を代表する好投手だったこともあり、二試合で四打数無安打に終わったが、一一日の三回戦にも八番レフトで出場すると、リーグ戦初安打を含む四打数三安打とめざましい結果を出した。

だが、さらなる飛躍を期した秋は、一転出番なしに終わる。その後も、持ち前のパワーを試合でなかなか発揮できず、レギュラー獲りの目標をなかなかかなえられずにいた。

太田監督にも叱られてばかりだった。「もう練習に出てくるな。掃除だけしていろ」「草むしりだけしておけ」などと何度も突き放された。だが、言われたとおり、真面目に掃除や草むしりをやっていると、必ず次のチャンスを与えてくれた。夏休みに広島に帰省したときにも、「お前、（野村）謙二郎（佐伯鶴城、広島）のところに行って、バッティングを教えてもらってこい」と命じられるなど、「期待している」という愛情が伝わってきて、「その気持ちが僕の大きな原動力となった」という。

ちなみに野村の回想によれば、「丸刈りでデカい男」が自宅の庭で小一時間ほどバットを振って帰っていったときに、どんな話をしたか覚えていないそうだが、東京からやって来た大学の後輩が広島に住んでいる先輩への手土産に広島名物・もみじ饅頭を持ってきた「天然なところ」が強く印象に残っているという。

奇跡的な逆転優勝に貢献するもプロ入りにはまだ実績不足……

一九九七年、三年生の秋、駒大は亜大に一勝二敗で勝ち点を落としたものの、一〇月一五、一六日の青学大戦に連勝し、七勝三敗、勝ち点三でV戦線に踏みとどまった。

一五日は途中出場の一年生・小原《こはら》慶治（駒大岩見沢）が〇対〇の九回に値千金のサヨナラ弾。翌一六日の二回戦も、二回二死から六番DH・新井の中前安打と二四球で満塁としたあと、「昨夜はホームランボールを部屋に飾ってグッスリ眠れた」という小原が右翼線に先制三点三塁打を放ち、二日連続のヒーローに。

「バッティングポイントに注意して、とにかくボールをよく見て打つ」と確実性を追求した新井も、二試合で七打数三安打を記録し、勝利に貢献した。

だが、首位・亜大も専大に連勝して四つ目の勝ち点を挙げ、八勝一敗。

駒大は最終カードの専大戦に連勝しても、亜大が青学大から勝ち点を挙げれば、優勝が決まってしまう。状況的に逆転Vの可能性は、絶望的と思われた。

1997年秋　優勝決定試合で新井が先制タイムリー

2回戦(10月29日)

	1	2	3	4	5	6	7	8	9	
駒大	0	0	0	2	0	2	0	0	1	5
専大	0	0	0	0	1	0	0	0	0	1

安井、内藤、○高橋―鈴木輝
●宇久、中島、江波戸、安藤―西野

一敗でもしたら、そこで終わりという、あとがない崖っぷちで、太田監督は「トーナメントのつもりで行こう!」とナインに檄を飛ばし、ここから〝ミラクル〟とも言うべき、大逆転劇が幕を開ける。

一〇月二八日、専大と対戦した駒大は〇対〇の延長一〇回二死、古川裕生《ゆうき》(暁星国際)が放った詰まり気味の打球が、左前にポトリと落ちる。これを左翼手が後逸し、ボールがフェンス際まで転がる間に一気にホームイン。思いもよらぬサヨナラランニングホームランとなった。

さらに第二試合で、亜大が青学大に一対三で敗れたことから、依然として他力本願ながら、優勝の可能性を残した。

そして、翌二九日の二回戦は、第一試合で亜大が二対三で青学大にまさかの連敗。この結果、駒大が専大に連勝すれば、七季ぶりの優勝が実現することになった。ただし、負ければ、二勝一敗で四つ目の勝ち点を挙げても、勝率差で亜大の優勝が決まるため、絶対に負けは許されなかった。

そんなチームの命運がかかったビッグゲームで、勝利への扉をこじ開けたのが、前日出場機会のなかった新井のバットだった。

○対○の四回一死一、二塁、七番・新井が中前に先制タイムリーを放ち、ナインを「負けられない」プレッシャーから解き放つ。

勢いづいた駒大打線は、〝ラッキーボーイ〟小原の左犠飛で二点目を追加。一点差に迫られた六回にも、光武徳起の右前タイムリーなどで二点、九回にもダメ押しの一点を加え、試合を決めた。

そして、六回途中からリリーフのエース左腕・高橋尚成《ひさのり》（修徳、巨人、MLB、DeNA）が九回まで無失点に抑え、前年の長嶋巨人を思い起こさせるような〝メーク・ミラクルV〟が実現した。

春は前年秋から二季連続Bクラスに沈んだことから、夏の青森合宿は全員が丸刈りになって臨み、炎天下で連日猛ノックを受けた。そんな必死の努力が実を結び、〝首の皮一枚〟とも言うべき劣勢から、終盤の四連勝で勝ち取った奇跡の栄冠。

太田監督も「いろんな優勝を経験しているけど、本当にわからんもんだね」と感無量だった。

新井は優勝のかかった試合で先制タイムリーを放ち、大一番での勝負強さを発揮したが、三年秋までの通算成績は、九八打数二一安打八打点〇本塁打、打率二割一分四厘。この時点では、お世辞にもプロに行けるような成績ではなく、外野の定位置獲りの目標も未達成のままと課題は多かった。

「プロに入れてやりたい」と太田監督が奔走し、広島が六位で指名

翌九八年春、最上級生になった新井は、打撃を生かすため一塁にコンバートされた。「（一塁は）守備機会が多いので、リズムが良くなり、打撃にもいい影響が出る。厚かましいことは言えないけど、チームに貢献できるように」と遠慮がちに四年目の飛躍を誓い、地道に努力を続けてレギュラー定着をはたす。

チームは勝ち点三同士で優勝をかけて激突した五月二六、二七日の亜大戦に連敗し、前年秋のお返しをされる結果となったが、その亜大戦で四番を打つなど、チームの主軸に成長した新井は、打率こそ二割三分四厘ながら、チームトップの八打点をマーク。二試合連続で劇的な逆転勝利を収めた日大戦の二回戦では、六回に満塁の走者一掃の二塁打を放ち、後の〝新井さん〟のキャラクターにも通じるガッツポーズも飛び出した。

そして迎えた大学最後の秋、「ここで頑張れば、プロに行けるかもしれない」と自らに言い聞かせ、歯を食いしばって練習を重ねてきた新井は「（春は）ここ一番でけっこう打てたけれど、思っていたようにはできなかった。欲を出すとダメになるので冷静に」とふだんどおりのプレーを心掛ける。

九月一五日の開幕戦、日大戦に四番サードで出場した新井は、初回に先制タイムリーを放ち、

チームの勝利に貢献。このカードは一勝二敗で勝ち点を落としたものの、新井は三試合すべてで安打と打点を記録の三安打五打点と中心打者の責任をはたした。

そして、九月二二日の専大一回戦、〇対〇の二回に四番・板野真士が中越えに先制ソロを放つと、五番・新井も宇久陽介（浦添商）から左越えに連続アーチ。これが記念すべき大学初本塁打だった。

さらに一〇月九日の青学大三回戦でも柳沢篤史（佐久）から大学通算二号を放つなど、打率二割八分三厘、リーグ打点王の一〇打点、二本塁打と四年間で最高の成績を残し、有終の美を飾った。

とはいえ、プロから指名のかかるレベルには、もうひとつ足りない。実績で見れば、この秋に打率四割一分九厘で二度目の首位打者を獲得したチームメイトの板野や打率三割二厘で打撃ベスト一〇に名を連ねた亜大・赤星憲広（大府、阪神）らのほうが明らかに勝っていた。

普通なら社会人で実力を蓄え、二年後にドラフト指名されるかどうかというところだが、新井のプロへの熱い思いはハンパではなかった。

「お前、（進路は）どうしたいんだ？」と太田監督に尋ねられると、「（大学から）プロに行きたいです」とキッパリ答えた。

すると、〝未完の大器〟の潜在能力を高く評価し、「プロに入れてやりたい」と考えていた太田監督は「そうか、わかった」と言うと、プロ側に話を通すために奔走。

その結果、ドラフトの一〇日ほど前に広島から「たぶん指名すると思う」と返事が来た。チームに大学の先輩・野村謙二郎、大下剛史（広島商、東映、広島）ヘッドコーチがいたことや、駒大が毎年のように逸材をプロに送り出している実績も有利な材料になったのかもしれない。

広島は一一月二〇日のドラフト会議で、約束どおり、新井を六位で指名した。「プロ入りできたのは、太田監督のおかげ」と新井が感謝したのは言うまでもない。

スカウトが明かした獲得の決め手とは？

二〇〇二年春、筆者は当時の広島・渡辺秀武スカウト（富士、巨人、日拓、大洋、ロッテ、広島）から新井を獲得したときの話を聞く機会に恵まれた。

取材のテーマは、「現役時代の与死球記録について」（NPB歴代二位の一四四与死球）だったが、その日はちょうど東都の春季リーグ戦の開幕日だった。

待ち合わせ場所に指定された神宮球場近くの喫茶店「川志満《かわしま》」で顔を合わせると、渡辺スカウトは「今日は今度駒大に入った新井の弟（＝良太　広陵、中日、阪神）を見に来たんだ。兄貴より素質が上だって聞いたんで」と打ち明け、新井が広島入りしたときの状況を次のように回想した。

「本人がどうしてもプロに入りたいというので練習を見に行ったが、打ち損じばかり。でも、たまに当たると、軽くフェンス越え。パワーだけは抜群だった。あのパワーなら、ひょっとすると、と思った」

もとより即戦力ではなかったが、江藤智《あきら》（関東、広島、巨人、西武）や前田智徳（熊本工、広島）らの高校生野手を主力に育てるなど、育成に定評のある球団だけに、〝ダイヤモンドの原石〟のような魅力と、何事に対しても前向きなガッツ、人一倍の練習熱心さを買っての指名だったことが窺える。

広島は、巨人などの巨大戦力のチームと比べて、選手層も厚くないので、その分若手のチャンスも多い。ファームの猛練習で鍛えられた新井は、一年目から頭角を現し、一軍で七本塁打を記録。筆者が神宮で渡辺スカウトと会った前年の〇一年は、規定打席不足ながら打率二割八分四厘、五六打点、一八本塁打を記録し、金本知憲（広陵、東北福祉大、広島、阪神）、ロペスのあとの六番を任されるほど成長していた。

そして、プロ四年目の〇二年は、初めて一四〇試合にフル出場し、二八本塁打を記録するなど、主砲として開眼。その後の阪神時代、広島復帰後も含めての活躍ぶりは、周知のとおりだ。

高校時代は全国的に無名、大学時代もレギュラーに定着したのは四年になってからという選手でも、本人の努力次第ではプロ野球界のレジェンドになれることを身をもって証明した新井の存在は、未来のプロ野球選手を目指す多くの野球少年たちにも「やればできる」と大きな希望と勇気を与えたことだろう。

5 読売ジャイアンツ監督・阿部慎之助（中央大学・一九九七年〜二〇〇〇年）

四度も体験した二、三部入替戦

入替戦で始まり、入替戦で終わった大学四年間

二〇二四年、監督就任一年目に巨人をリーグ優勝に導いた阿部慎之助（安田学園、巨人）。CSではDeNAに敗れ、日本シリーズ進出を逃したものの、通算二一三二安打、四〇六本塁打を記録した現役時代も併せて、プロ入り後の輝かしき球歴は、多くのファンの知るところだ。

「東都スポーツ」の表紙撮影に応じる阿部

だが、一九九七年の中央大学入学後、三年春まで五シーズンを東都二部リーグで過ごし、一年春から四年秋まで計四度にわたって入替戦を戦ったことを知っている人は、それほど多くないだろう。

一年春の入替戦で始まり、四年秋の入替戦で終わった阿部の大学時代の濃厚な四年間をプレイバックしてみよう。

ライバル・武田勝への雪辱と四年後のシドニー五輪出場を目指し、父と同じ中大へ

「よく物心ついたころから野球をしているなんて言うけど、僕の場合は、物心のつくずっと前から野球をやっていたんですよ」

巨人入団前にそう回想していた阿部慎之助は、一九七二年、習志野高二年夏に掛布雅之（習志野、阪神）とともに甲子園に出場した父を持つ。その三年時は三番・掛布のあとの四番を打った強肩強打の捕手・父・東司《とうじ》さんの影響で、まだおしめも取れていない頃から野球に親しんでいる。

中大、電電東京でプレーし、現役引退後も草野球を続けていた父に連れられてグラウンドに行くと、応援に来ていた知人が何かにつけて構ってくれる。「それが楽しくて、いつしか野球が好きになっていた」。阿部家には一歳半頃におもちゃのバットを担いでいるスナップ写真も残っているという。

幼稚園に入る頃には父と二人でティー打撃を始め、小学一年のときに地元・浦安の軟式チームに入団。四年のときにバッティングセンターで父に突然「左で打ってみろ」と言われたことがきっかけで、〝憧れの人〟掛布と同じ左打ちに転向した。

安田学園時代は、一年夏に六番サードで東東京大会四強入り。

三年時には四番捕手・主将の一人三役を務め、高校通算三八本塁打を記録したが、最後の夏は三回戦で武田勝（立正大、日本ハム、現オイシックス新潟監督）の関東一に〇対一〇で六回コールド負け。

「阿部は自分と同様、一年のときから試合に出ていたので負けたくなかった。意識して抑えにいった」という武田の前に一打数無安打一四球に終わった阿部は「向こうのほうが、力が上。（この悔しさを）バネにしないといけないのです」と大粒の涙を流し、雪辱を誓った。

翌一九九七年春、阿部は三年後のシドニー五輪出場を目標に、父と同じ中大に進学する。高三の五月頃、当時の伊藤周作監督（岐阜南）から「ちょっと早いけど、考えとくように」といち早く勧誘されたことが決め手になった。

意外にも他の大学からは「全然話はなかった」そうで、中大三年時の阿部は「自分は中央大学に引き取ってもらったという感じです」と謙虚に回想している。

巨人をはじめプロの各球団も、高校時代から阿部をマークしていた。巨人は山倉和博（東邦、早大、巨人）、槙原寛己（大府、巨人）らの獲得に尽力した加藤克巳スカウト（中京商、巨人）が担当したが、高校側が「進学する」と回答してきたため、いったんあきらめたという話も伝わっている。

東都で通算二五回の優勝（二〇二四年まで）を誇るリーグ創立以来の名門・中大も、平成以降は八年近くも二部暮らしが続いていた。一九九四年春から指揮をとる伊藤監督が集大成の四年目を迎えた九七年は、米沢貴光主将（関東一、現同校監督）はじめ、一年生のときから経験を積んだメンバーが最上級生となり、一七季ぶりの一部復帰を目指していた。

東都二部リーグの一年生捕手が異例の全日本メンバー入り

チームは三年間ほぼ全試合マスクをかぶった正捕手・荒井亮（東海大相模）が卒業したばかり。「阿部は高校ナンバーワンキャッチャー。辛抱して最初から使い続ける」という伊藤監督の期待を一身に背負い、入学早々三番・捕手として全試合フルイニング出場、チームも一〇勝一敗の勝ち点五で一二季ぶりに優勝し、入替戦で一部最下位の東洋大と対戦した。

だが、六月一六日の一回戦、中大は序盤から押し気味に試合を進めながら、あと一打が出ず、四回に久保田智《さとし》（浦和学院、ヤクルト）の二点三塁打などで一挙四失点。五回にも一点を追加され、〇対五とリードを広げられた。

その裏、中大は一点を返したあと、阿部が左対左の不利をものともせず、倉則彦（常総学院）から左翼ポール際に追撃の三ランを放ち、一気に一点差に詰め寄った。

この日、神宮で阿部の大学公式戦初アーチを目の当たりにした筆者は、鋭いライナーが左翼ポールに向かって一直線に伸びていったシーンを昨日のことのように覚えている。

阿部の一発で勢いづいた中大打線はこの回、なおもチャンスが続き、二死から石垣達也（東海大相模）があわや逆転アーチという大飛球を放つが、もうひと伸び足りず、反撃もここまで。七回からリリーフした一年生・三浦貴（浦和学院、巨人、西武）に一安打に抑えられ、四対七で敗れた。

中大は翌日の二回戦も一対四で連敗し、一部復帰ならず。以後、三シーズンにわたって二部優勝から遠ざかる。

東洋大との入替戦の直後、阿部は二部リーグの一年生では異例のインタコンチネンタル杯の全日本メンバーに選ばれ、スペインに遠征。あくまで推測だが、全日本大学野球連盟専務理事だった中大・宮井勝成総監督（早実）の力添えもあったのかもしれない。

「最初は川上（＝憲伸《けんしん》 徳島商、明大、中日、ＭＬＢ）さん、高橋（＝由伸《よしのぶ》 桐蔭学園、慶大、巨人）さんとか、すごい選手にビックリするばかりでした」

その後も二年時には四ヵ国対抗の全日本メンバーに選ばれ、三年生になる直前には横浜ベイスターズの春季キャンプに参加する（翌年は日本ハム）など、国際舞台やプロの練習参加で貴重な経験を重ね、大学球界を代表する逸材に成長していく。

珍場面、珍プレーの末、〝負け試合〟をひっくり返し、ついに悲願の一部復帰

そして一九九九年春、「若い子と一緒になってやれる」（宮井総監督）と、三四歳のＯＢ・清水

達也新監督（上尾）を迎えた中大は、花田真人《まさと》（柳川、ヤクルト）、久保尚志《たかし》（観音寺中央＝センバツ優勝投手。大学で打者転向）ら甲子園組を多数揃えた〝黄金世代〟が最上級生となり、「今年こそ」と一部復帰に強い意欲を見せていた。

清水監督は新任の平田幸夫コーチ（享栄）とともに一三年前の一部復帰の立役者でもあり〝一部昇格コンビ〟で、一〇年も続く二部暮らしから何としても脱出したいという関係者の熱い思いが感じられた。

開幕戦で国学大に連勝し、好発進の中大は、翌週の二カード目で〝最大のヤマ〟とも言うべき国士大戦を迎える。前年春、同率の優勝決定戦で敗れた因縁の相手であり、絶対に負けられなかった。

一回戦は中大・花田、国士大・平井英一（香川中央）の両エースが譲らず、延長一〇回二対二の引き分け。

二回戦は前年夏の甲子園準優勝左腕・古岡基紀（京都成章）が完封し、三対〇と先勝したあと、四月二二日の三回戦は、再び花田、平井のエース対決となった。

二回に四球を足場に一死二塁から中原直樹《のぶはら》（報徳学園）、稲荷幸太（ＰＬ学園）の連続二塁打で二点を先制した中大は、五回にも三安打を集中して二点を追加し、優勢に試合を進める。

ところが、四対一と勝利目前の九回に大きな落とし穴が待ち受けていた。

一死一塁から花田が投打二刀流・平野宏（水戸短大付）、辻俊哉（甲府工、ロッテ、オリックス）

の三、四番に連続二塁打を浴び、たちまち一点差。ここで清水監督がマウンドに足を運び、橋本義隆（＝祥嵩《よしたか》 岡山学芸館、日本ハム、ヤクルト、楽天）への交代を告げる。

橋本はリーグ戦初登板。この時点で「なぜ？」と疑問を呈する不思議な交代に思えたのだが、はたして継投は失敗し、橋本は代わりばなに代打・田中成昭（育英）に痛恨の逆転二ランを浴びてしまう。

スタンドの中大OBから「まだリードしていたのに、何でエースを代えた」と不満の声が相次いだ。

実は、清水監督は花田を続投させるつもりだったのだが、マウンドに足を運んだのが二度目だったため、ルールにより、交代せざるを得なくなったのだ。監督就任二ヵ月足らずで、公式戦もまだ五試合目、実戦での采配に十分慣れていなかったことが、大事な場面で試合の流れを変える結果を招いた。だが、この試合は最後の土壇場で、選手たちが力を合わせて指揮官のミスを挽回することになる。

幸いにも、橋本は二死後にエラーの走者を許しながらも、次打者を遊ゴロに打ち取り、スリーアウトチェンジ。一点差ならまだ何とかなりそうだった。

その裏、中大は無死一塁から石垣達也が中越えに長打を放ち、「これで同点」と思われたが、直後、再びまさかの珍事が起きる。一度は三塁を回りながら、本塁突入を自重した一塁走者と一挙三進を狙った石垣が三塁ベース上で重なってしまったのだ。ルールにより、〝後位の走者〟石垣がタッチアウトになるはずだった。

ところが、審判が石垣ではなく、占有権を持つ〝前位の走者〟にアウトを宣告したように見えたことから、話がおかしくなった。自分がアウトになったと思い込んだ走者は、ベースを離れたところをタッチされ、まさかのダブルプレーになってしまう。

清水監督が抗議に飛び出し、二人の走者は依然として三塁ベース上に重なるようにして立ったまま。何とも不思議な光景に、相手スタンドから「野球のルールを知っているのか」のヤジが飛んだ。

審判団は協議したものの、結局、どちらもアウトで判定は覆らない。理由はどうあれ、ベースを離れたのが悪いという見解なのだろうが、見ているほうも釈然としなかった。

同点のチャンスが一転二死無走者となり、万事休すと思われた。もし、このまま負けて一勝一敗一分になれば、四回戦は国士大が気持ちのうえでも断然有利になる。

この窮地を救ったのが、三番・阿部のバットだった。

二番の主将・渡辺洋介（北海）が四球で出塁し、二死一塁、続く阿部が右前に鋭い当たりを放つと、直接捕球しようとダイビングした右翼手が後逸する間に、一塁から渡辺が同点のホームイン。

そして、五対五の延長一〇回一死二塁、「負けられないという気持ちが強かった」という藤原航平（北海、現トヨタ監督）がツーストライクと追い込まれながらも、リリーフ・平野から中越えにサヨナラ二ランを放ち、一度は敗戦も覚悟したビッグゲームをモノにした。渡辺主将も「国士大戦のサヨナラ勝ちでチームがまとまった」と回想する。

その後も中大は、一勝一敗で迎えた五月一二日の東農大戦三回戦で、〇対一の八回に、稲荷の「中学時代以来」の貴重な同点ソロが飛び出し、辛くも引き分けに持ち込むなど、苦戦しながらも一〇勝一敗二分の勝ち点五で完全優勝。阿部も打率三割五分四厘、四本塁打、一一打点の好成績を残した。

そして、一部最下位・専大との入替戦に臨んだ。

中大・花田、専大・酒井泰志（大宮東、ロッテ）両エースの投げ合いとなった六月五日の一回戦は、阿部が自慢の強肩で何度もピンチを救う。

一回一死一塁、三、六回の二死一塁で、いずれも二盗を阻止し、八回無死一塁でも、矢のような牽制球でタッチアウト。立ち上がりから乱調気味だった花田をピンチのたびに救った。三度の盗塁阻止に、清水監督も「ヒット三本に値するプレー」と賛辞を惜しまなかった。

試合は二対二の九回一死二塁、藤原の一ゴロが敵失を誘発する間にサヨナラ勝ちし、一部復帰に王手をかけた。

だが、翌日の二回戦、左打者六人が並ぶ中大打線は、専大の左腕・上間豊（浦添商）のスローカーブにタイミングが合わず、〇対一の四安打完封負けで逆王手をかけられた。

雨で一日延びた六月八日の三回戦、清水監督は右打者の一番・石垣を四番に据え、オール左の

1999年春入替戦　阿部の活躍で10年ぶり1部復帰

1回戦（6月5日）

	1	2	3	4	5	6	7	8	9	
専大	0	0	0	2	0	0	0	0	0	2
中大	0	2	0	0	0	0	0	0	1×	3

●酒井―下地
○花田―阿部

2回戦（6月6日）

	1	2	3	4	5	6	7	8	9	
中大	0	0	0	0	0	0	0	0	0	0
専大	0	1	0	0	0	0	0	0	×	1

●古岡―阿部
○上間―下地
本塁打＝船越（専）

3回戦（6月8日）

	1	2	3	4	5	6	7	8	9	
専大	0	3	0	0	0	0	0	0	0	3
中大	1	1	1	2	0	0	0	3	×	8

酒井、●上間、加納―下地、山川
○花田―阿部
本塁打＝本永（専）

クリーンアップを左右左に組み替えたが、悪くなりかけたムードを鮮やかに吹き払ったのは、二試合で七打数無安打と打撃不振が続いていた阿部だった。

阿部は初回に先制タイムリーを放つと、二対三の三回にも同点タイムリー。さらに四回二死二、三塁でも、ラッキーな決勝左飛エラーとチャンスのたびに得点に絡み、三失点完投勝利の花田とともに、一〇年ぶり一部復帰の立役者になった。阿部にとっても入学後、六季目で初めて勝ち取った一部だった。

入替戦で高校時代からのライバル・武田勝を打ち砕く

しかし、青学大・石川雅規（秋田商、ヤクルト）、日大・吉野誠（大宮東、阪神、オリックス、ソフトバンク）、亜大・佐藤宏志（瀬戸内、巨人、楽天）らプロ注目左腕が揃う一部で勝ち点を挙げるのは容易ではなかった。

中大はシドニー五輪アジア予選代表に選ばれた阿部が一ヵ月チームを離れた影響もあり、一一試合で計一三得点、チーム打率一割六分四厘と一部の壁にはね返される形で、一勝一〇敗の最下位。

入替戦の相手は、前年秋まで一部にいた立正大だった。実力はほぼ互角ながら、二部で完全優勝した立正大のほうが勢いで勝っていた。

一一月六日の一回戦、中大は二回に犠飛で先制しながら、三回に追いつかれ、一対一の七回二死二塁、花田が津田健次（春日部共栄）に三塁打を浴び、逆転を許してしまう。

追いつめられた中大は九回、久保尚志、溝渕隆夫（高松商）の連打で一死一、三塁と最後の粘りを見せ、榊原健治（神港学園）の浅い中飛で、三塁走者・久保が本塁を突くが、好返球でタイミングは完全にアウトだった。ネット裏で見ていた筆者も「併殺でゲームセットか」とあきらめかけたが、タッチプレーの際に捕手が落球し、土壇場で同点に追いつく。

ラッキーな同点劇で九死に一生を得た中大は一気に流れを引き寄せ、次打者・藤原の中越え決勝二塁打で、三対二の逆転勝利を手にした。

だが、翌日の二回戦は、前日九回のリリーフに失敗した立正大の左腕・武田勝が七安打を許しながらも、久保の本塁打のみの一失点完投で雪辱。阿部も四打数無安打に抑えられ、逆王手をかけられた。

そして、一勝一敗で迎えた最終決戦、勝敗の分かれ目となったのは、中大が一対〇とリードの三回無死一塁だった。

三番・阿部の打席で、立正大は先発・丸山哲史（横浜）に代わって武田がリリーフ。早めに〝切り札〟につないで、さらなる失点を防ぐ作戦だった。

阿部が打てば、中大は勝利に一歩近づき、武田が抑えれば、立正大が流れを引き寄せるという重要局面での高校時代からの因縁対決は、「高校時代にやられているので、やり返したい」という阿部に軍配が上がる。

「前日阿部をスライダーで抑えていたので、今日もスライダーで」と考えた武田だったが、阿部はそのスライダーを見澄ましたように鋭くバットを一閃させる。快音を発した打球は三対〇とリードを広げる二ランとなって右翼席へ。気落ちした武田は直後、犠打を挟んで四連続長短打を浴び、悄然とマウンドを降りた。

勢いに乗った中大は一〇対一と大勝し、一部残留を決めた。

社会人（シダックス）を経て、二七歳でプロ入りした武田は、日本ハム新人時代、筆者の取材に「あれ（阿部の一発）で僕の野球人生が変わってしまった」と振り返っている。

立正大は翌春も二部で優勝し、一部復帰のチャンスがもう一度あったので（入替戦で東洋大に連敗）、やや話を盛っている感もあるが、勝てば天国、負ければ地獄の入替戦は、選手のその後の野球人生に少なからず影響を与えることは確かだ。

ドラフトの超目玉と注目されながら最後の秋も入替戦

二季連続の苦闘を制し、新チームで四番主将になった阿部は、翌二〇〇〇年春、ドラフトの超目玉として注目を集める。

四月四日の開幕戦、駒大一回戦、阿部は巨人の九人を筆頭に一二球団のスカウトが勢揃いして熱い視線を注ぐなか、四回に武田久（生光学園、日本ハム）のフォークをとらえ、バックスクリーンに先制ソロを放つ。本人は「上空で舞う風に乗って伸びただけですよ」と謙遜したが、守備でも好リードで古岡基紀の二安打一〇奪三振完封をアシスト。三対〇で白星スタートとなった。

翌五日の二回戦では、一対〇の八回、リーグ戦初完封と初勝利目前の橋本祥嵩が制球を乱し、三四球で二死満塁のピンチを招いたあと、次打者もカウント三―一。四球なら押し出しで同点という緊迫した場面で、阿部は「肩の力を抜け」とばかりに何度も両手をグルグル後方に回し、「お前の球なら打たれない。思い切っていけ」と激励した。

「交代は嫌。絶対降りないぞ、の気持ちで投げた」と気力を奮い立たせた橋本は、ここから二球続けて一四〇キロ台の速球を投げ、無失点に抑えると、九回二死三塁のピンチも切り抜け、一対〇の完封勝利。

絶体絶命のピンチで、投手の持てる力を最大限に発揮させた阿部のキャプテンシーが光った。清水監督も「(主将になって)チーム全体を見渡せるようになった」と目を細めた。

その後もチームは開幕五連勝と波に乗り、四月は六勝一敗、勝ち点三で首位を独走したが、後半に息切れし、最後は三連敗で四位に終わる。

「あそこまで突っ走っても勝てないという東都の厳しさがわかった。でも、やれるという自信はついた」と語った阿部は、打率二割七分七厘、三本塁打、一〇打点を記録して一部昇格後、初のベストナインに選ばれ、日米大学野球にも出場した。

そして迎えた最後の秋、「悔いの残らないようにやって、一生懸命の姿を後輩に見せたい」と一九七九年春以来四一季ぶりの優勝を狙ったが、大黒柱の阿部がシドニー五輪出場で一ヵ月チームを離れたことや投手陣の不振などから、一転最下位へ。

阿部のチーム復帰後、青学大に連勝で初の勝ち点を挙げ、一〇月一八日からの最終カード・日大戦で二つ目の勝ち点を挙げれば最下位脱出というところまで漕ぎつけたが、投手陣の乱調や拙守などで自滅し、四対一四、〇対七と二戦続けて完敗。阿部の大学最後の本塁打も焼け石に水だった。最下位が決定し、入替戦で投手力の良い東農大と対戦することになった。

一一月四日の一回戦は、中大・古岡、東農大・渡辺恒樹《こうき》（相洋、楽天、ヤクルト）のエース左腕同士の投手戦になった。

中大は四回まで渡辺に無安打無得点に抑えられるが、〇対〇の五回に四球と犠打に敵失を絡めて一死三塁のチャンスを作り、内山田裕介（西日本短大付）の内野ゴロの間に先制。この虎の子の一点をリーグ戦では不調だった古岡が先発全員一二奪三振の快投で守り切った。

この日の阿部は四打数無安打と快音が聞かれなかったものの、九回一死から四番・生田目博文（平工）に左翼線二塁打を打たれ、一打同点のピンチを迎えた直後、「同点になってもいい。開き直っていこう」と古岡を励まし、好リードで一対〇の逃げ切り勝利に貢献。

「勝ったのは本当にピッチャーのおかげですね」と大きな一勝にホッとした様子だった。

翌五日の二回戦も、五回まで両チームゼロ行進と、前日同様、見ているほうまで胃が痛くなるような展開。この日も阿部は、一回二死三塁で中飛、三回二死一、二塁で右飛に倒れ、チャンスを生かすことができない。

だが、〇対〇の六回、四球の小窪裕（仙台）を三番・榊原が送り、一死二塁のチャンスに、「初球から積極的に打っていこう」と気合を集中させた阿部は、松村勲（八幡西）から右翼線に鋭いライナーの安打を放ち、チーム唯一の得点を叩き出す。

「みんながつないでくれたおかげです」とコメントした阿部だったが、後年「何度も日本代表に選んでもらって、国際試合を経験したことで、緊迫した試合でもあがらず、自分の力を出せたんじゃないか、と思っています」（『東都大學野球連盟七十年史』）と回想している。

この最少リードを山中俊介（長崎日大）、芦川武弘（二松学舎大付）の継投で守り切り、二戦続けて一対〇という薄氷の勝利で一部残留を決めた。

大学最後の試合を勝利で飾った阿部は「四年間本当に素晴らしい経験ができた。昨年の春一部に上がり、秋は最下位で入替戦。そして、今日も」と苦闘、また苦闘の日々に思いを馳せながら、目を赤くうるませた。

そして、「プロが目標だった。その目標に向かっていきたい。自分の中では、行きたいチーム（巨人を逆指名）は決まっています。明日発表します。まだまだ未熟だけど、球界を代表する選手になりたい」とさらなる飛躍を誓った。

この日、母校の勝利を見届けた筆者が、多くのOBやファンとともに球場入口前で待っていると、取材を終えた阿部がユニホーム姿で出てきた。たちまちチームメイトや関係者から「慎之助！　慎之助！」のコールが沸き起こり、歓喜の胴上げが始まった。

最高の笑顔を見せながら何度も宙を舞う阿部と、数歩離れた場所からニコニコと見守っていた父・東司さんの姿は、今でも鮮明に脳裏に焼き付いている。

ここから阿部は、プロという最高峰のステージに向かって、大きな一歩を踏み出していった。

第二部

東都ファンだけが知る命がけの戦い

あの名選手たちの熱球譜

⑥ 駒澤大学・石毛宏典　一九七八年春・入替戦《駒大対日大》

代打攻勢で同点も投手がいない！　九回裏のマウンドへ

長い東都の歴史の中でも前代未聞の珍事

一九七八年六月一〇日、春季リーグで三連覇を目指しながら、まさかの最下位に沈んだ駒大は、二部優勝校・日大との入替戦初戦に臨んだ。

最大三点のリードを許す苦しい戦いは、一点ビハインドの九回、必死の代打攻勢で二死から同点に追いついたものの、すでに五人の投手全員を使いはたしていた。

本職の投手がいないという大きなハンデに加え、九回裏に一点でも失えばサヨナラ負け。もし初戦を落とせば、第二戦も苦戦は必至というあとがない危機的状況で、投手経験がほとんどない主将の遊撃手が「絶対に抑えてやる」と覚悟を決めて、背水の陣のマウンドに上がった。

主将の名は石毛宏典《ひろみち》（市立銚子、西武、ダイエー）。

長い入替戦の歴史の中でも、前代未聞とも言うべき、急造投手の一世一代の力投を紹介する。

甲子園優勝投手・土屋正勝を最も苦しめた夏の千葉大会決勝戦

市立銚子高の一番ショートとしてチームを引っ張った石毛は、一九七四年夏の千葉大会で決勝戦まで勝ち進んだが、同年圧倒的な力で全国制覇を達成した土屋正勝（銚子商、中日、ロッテ）、篠塚利夫（＝和典　銚子商、巨人）の銚子商に〇対二と惜敗。あと一歩で甲子園出場を逃した。

ちなみに土屋は、夏の甲子園で優勝投手になったあと、「県大会決勝の市銚子戦が一番しんどかった」と回想している。

その県大会を駒大・太田誠監督が観戦していたことがきっかけで、石毛の野球人生は大きく開ける。「いいショートがいる」と惚れ込んだ太田監督は、旭市の実家を訪れ、「駒澤で野球をやらないか」と勧誘した。

だが、農業で生計を立てていた両親は「東京の私立大学に行かせるお金の余裕がない」と断った。それでも太田監督はあきらめることなく、何度も訪ねてきた。

そんな熱意にほだされた石毛の兄が「こいつは、そんなにセンスがあるのか？」と尋ねると、太田監督は「ある」とキッパリ答えた。最後は兄が「オレが働いて稼ぐから、弟を大学に行かせてやってくれ」と両親を説得し、ようやく進学を認めてもらった。

駒大のセレクションに参加した石毛は、全身バネのような機敏性と守備範囲の広さに加えて、三遊間の深いゴロを一塁にノーステップで矢のように送球する鉄砲肩を披露。太田監督も「長い間野球をやっているが、初めて本当の内野手に出会った感じだった」と目を見張った。

その後、石毛はドラフト会議でロッテに六位指名され、三宅宅三スカウト部長（玉島中、明大、毎日）が交渉に乗り出したが、駒大進学を理由に断っている。

当時の石毛は、大学で教職の資格を取り、卒業後は高校や大学の監督になりたいと考えていた。

三宅スカウト部長は、石毛の進学後も「あのときウチに入団してくれていたら……。遊撃手難で監督も困っている現状を見ると、もうひと押ししていればよかった」と残念がっていた。

プロ注目の先輩をセカンドに追いやり、ショートに大抜擢

石毛の入学時の駒大は、中畑清（安積商、巨人）、二宮至（広島商、巨人）、平田薫（坂出工、巨人、大洋、ヤクルト）の〝駒大トリオ〟をはじめ、森繁和（駒大高、西武）、大宮龍男（享栄、日本ハム、中日、西武）ら、後にプロで活躍する逸材がズラリと顔を並べていた。

そんなハイレベルのチームで、石毛は入学早々、平田をセカンドに追いやって、ショートのレギュラーに定着。平田も「ヤツの初練習を見て、〝参った〟と思った」と脱帽した。

当初は守備力を買われてのレギュラー抜擢だったが、一年秋に打率三割をマークし、打撃も開

眼。二年秋に行われた東京六大学との記念試合では、法大のエース・江川卓（作新学院、阪神、巨人）から神宮球場の左中間越えに中段までライナーで運ぶ推定一二〇メートルの特大弾を放った。

その後も石毛は三年春まで四季連続ベストナインに選ばれ、五度の優勝に貢献するなど、大学球界で押しも押されもせぬトッププレーヤーに成長した。

そして、四年生になると当然のように主将に指名されたが、ラストイヤーでは、一転苦闘の日々が待ち受けていた。

歯車が狂った常勝チーム、一五季ぶりの最下位に

一九七八年春のリーグ戦、三連覇がかかる駒大は、専大、東洋大とともに〝三強〟と目されていたが、前年エースとして春秋連覇に貢献した尾藤福繁（土居）が卒業し、投手陣にやや不安を抱えていた。

シーズン前に気候の良いハワイでキャンプを張った駒大だったが、常夏のハワイと真冬の日本との寒暖差が災いし、投手陣が調整に失敗。打線も連日の練習試合で対戦した外国人打者の長打力に感化され、知らず知らずのうちに大振りになっていた。

さらに主将の石毛も、〝総決算の年〟を期して、正月早々から自主トレを入念に行い、「僕が暴

れることがナインを引っ張ることになる」と張り切った矢先、これまで体験したことのない肩痛に悩まされてしまう。

四月四日、開幕戦の東洋大戦で松沼雅之（取手二、西武）に完封され、黒星スタート。二回戦は一対〇と雪辱も、三回戦は延長一五回二対二の引き分けに終わり、石毛も四番を務めた最初の二試合で八打数無安打、エラーも犯すなど、精彩を欠いた。

二カード目の中大戦も初戦を一対一で引き分けたあと、翌日の二回戦は、連投の一年生左腕・米村明（PL学園、中日）を打ち崩せず、一対三で痛い一敗。

三回戦を一一対一と大勝したのもつかの間、一勝一敗一分で迎えた四回戦でも米村に完封を許し、勝ち点を落とした。

米村は一球ごとに「よいしょっ！」と掛け声を発しながら投げる個性的な投手だった。後年の駒大戦で五回も持たずに降板したことがあったが、五回終了後のグラウンド整備のときに、駒大応援席から「米村、一緒にトンボでならせ！」と勝ち誇ったようなヤジが飛んだことを覚えている。駒大ファンにとって、米村は石毛の代以来の〝好敵手〟だったようだ。

なかなか波に乗れない駒大は、三カード目の国士大戦も元気なく連敗。

五月六日の東洋大四回戦にも延長一二回の末、七対八とサヨナラ負けし、六校中唯一勝ち点〇の最下位に沈んだ。

四カード目の亜大戦でようやく投打がかみ合って連勝し、初勝ち点でテールエンドを脱出。最終カードの専大戦を残して四勝六敗二分、勝ち点一ながら、この時点で同じ勝ち点一の中大を勝率で上回っていた。

そして、五月二四日の専大一回戦、駒大は石毛の満塁本塁打などで一二対三と大勝。一方、中大も一勝一敗で迎えた国士大との未消化カードで、延長一一回、高木豊（多々良学園、大洋、日本ハム）の決勝タイムリーで五対四と勝利し、五勝八敗一分、勝ち点二で五位浮上も、駒大が専大から勝ち点を挙げれば、勝率の差で中大が最下位になるはずだった。

ところが、翌二五日の二回戦、連敗すれば優勝の望みが絶たれる専大に延長一五回の末、四対六で敗れたことから、雲行きが怪しくなってくる。

四対四の八回からリリーフした専大・山沖之彦（中村、阪急、阪神）に八イニング無得点に抑えられたばかりでなく、一五回二死満塁のピンチで、その山沖に痛恨の決勝二点タイムリーを浴びてしまう。打った瞬間は「打ち取った！」と思われた打球が投手の目の前で大きくバウンドし、二塁ベース前でもイレギュラーするという駒大にとっては不運な一打だった。

専大は四勝を挙げたセンバツ準優勝投手の山沖とともに、夏の甲子園で投打にわたって活躍した見形仁一（宇都宮学園）も二勝と、一年生の両輪が即戦力になり、主将で四番の中尾孝義（滝川、中日、巨人、西武）、下手投げエース・堀田一彦（藤沢商）らの四年生と一体となった好チームだった。

勝った専大が逆転優勝に王手をかけたという意味でも、この二回戦が大きな分岐点となる。

五月二六日の三回戦は、専大が勝てば二五季ぶりの優勝、駒大も負ければ最下位決定とあって、両チームの「絶対に負けられない」の思いが真っ向からぶつかり合う大熱戦となった。

五回に中川哲（崇徳）のタイムリーで同点に追いついた駒大だったが、専大・堀田、駒大・長島三夫の投手戦は、七回に決勝スクイズを決められ、一対二で連敗。一九七〇年秋以来、一五季ぶりの最下位が決まった。

九回に代打三人を送る総力戦の末、執念で同点に追いつくも投手がいなくなった……

前年春秋連覇し、全日本大学野球選手権も制した常勝・駒大が入替戦に出場しようとは、誰が予想しただろうか？

相手は三季ぶりの一部復帰を合言葉に、前年秋に続いて二部で連覇をはたした東都リーグ創設以来の古豪・日大だった。

そして、駒大は入替戦でも大苦戦を強いられる。

六月一〇日の一回戦、二回に三点を先制も、五回まで無失点に抑えていた先発・高久孝《たかく》（黒磯）が六回につかまる。さらに救援三投手も総崩れとなり、一挙六失点で三対六と逆転されてしまう。

駒大も八回に二点を返し、一点差に詰め寄る粘りを見せたが、残る攻撃チャンスは一回だけ。

そんな後がない土俵際で、ナインの「このまま終わりたくない」の思いが、土壇場での逆襲を呼び込む。

九回表、駒大は一番・石毛が右前安打で出塁して二盗。二死二塁のチャンスをつくる。

安打が出れば同点、凡退すればゲームセットという重要局面で、太田監督は途中出場の三番・内田繁樹《しげき》（塩山商）に代えて、田中成和（PL学園）を代打に送った。PL時代は尾花高夫（ヤクルト）と同期で五番を打っていた田中は、常に闘志を前面に出し、膝が外れる大けがをしても弱音ひとつ吐かなかった。そんな精神力の強さが買われたのだ。

田中は見事期待に応え、日大の二年生エース・大石大（下関工）から三塁手が差し出すグラブのわずか右を抜ける左前安打。二塁から石毛が同点のホームを踏んだ。「あと一人」からのミラクル同点劇に、三塁側駒大スタンドは沸きに沸いた。

だが、何とか追いつきはしたものの、代打三人を起用した結果、七回から二イニングをゼロに抑えた五人目の投手・池田明敏（宇治山田商）にも代打が送られ、九回裏に登板可能な投手はベンチに一人も残っていなかった。

ぶっつけ本番の投球で曲がらないはずのカーブが曲がった

思案した太田監督は「投げられそうなのは、石毛と（センターの）岩山（＝節雄　倉吉北、三年春にエースで甲子園出場）ぐらいしかいないんで、あいつに」と石毛にすべてを託すことを決めた。余興を兼ねた学年対抗の試合で、石毛が投げていたことを思い出したのだ。

石毛も太田監督と目が合うなり、「お前、行くぞ」の言葉を待つことなく、ベンチ前でキャッチボールを始めた。

投手経験は、旭二中時代に紅白戦で一イニング投げただけで、カーブがちょっと曲がる程度。その紅白戦では滅多打ちにされ、「一回でクビ」になっていたが、「よし、やってやると思いました。二部に落ちるのだけは御免ですからね」と主将の責任感から六人目の投手を引き受けた。

「ピッチャー・石毛君！」の場内アナウンスが流れると、スタンドが「オーッ！」とどよめいた。「石毛なら何とかしてくれるはずだ」という熱い思いも感じられた。

投球練習が十分できなかったにもかかわらず、石毛はスナップの効いた直球にカーブを織り交ぜ、二死を取ったが、四球でサヨナラの走者を出してしまう。

ここで日大・石井久至監督（日大二）は、九回まで投げ抜いた大石に代えて、左の代打・渡辺春吉（日大豊山）を送り、勝負をかけてきた。だが、石毛は冷静さを失わず、「走られるのが悔しいからな」と牽制球まで披露する余裕を見せる。そして、最後は膝元に落ちるカーブで空振り三振、見事無失点で切り抜けた。

ちょっとしか曲がらないはずのカーブが、勝負どころで鮮やかに決まったのは、まさに「なせばなる」。勝利にかける執念が、二〇〇パーセント、三〇〇パーセントの力を引き出したとしか思えなかった。

一方、勝利まであと一人で追いつかれ、サヨナラのチャンスも生かせなかった石井監督は「一部（リーグ）の力ですかね」と表情を曇らせた。

主将自らマウンドに上がり、懸命に奮闘する姿に、駒大ナインもいやが上にも闘志をかき立てられ、燃えに燃えた。

六対六の延長一〇回、先頭の佐藤正之（拓大一）が日大の二番手・坂元孝公（鹿児島商）から右中間に三塁打を放ち、口火を切ると、岩山、坂本照彦（市銚子）も連打で続く。石毛もこの日四安打目となる右中間三塁打を放ち、一挙五得点で試合を決めた。

その裏、日大最後の攻撃も、石毛は先頭の代打・細田忠（日大桜丘）に四球を与え、ショートゴロエラーで二人の走者を許したものの、四番・向山《むこやま》隆康（三木）らの上位打線をピシャリと抑え、一一対六で試合終了。二イニング、打者九人を被安打ゼロの無失点と本職顔負けの快投で勝利投手になった石毛は「いつも投手に文句ばかり言ってるけど、投手もしんどいですね。やってみて、気持ちがよくわかりました。明日？　もういいですよ」と激闘の末の勝利の喜びをかみしめていた。太田監督も「それにしても、石毛がようやってくれた」と賛辞を惜しまなかった。

初戦をモノにして流れをつかんだ駒大は、翌一一日の二回戦も、序盤に二点を失ったものの、四回二死一塁、坂本の二ゴロエラーに乗じてチャンスを広げたあと、三神雅幸（松山商）が値千金の右越え逆転三ラン。同点の七回にも、遊ゴロエラーでチャンスをつくり、中川の中犠飛で四

1978年春入替戦　急造投手・石毛が好投

1回戦（6月10日）延長10回

	1	2	3	4	5	6	7	8	9	10	
駒大	0	3	0	0	0	0	0	2	1	5	11
日大	0	0	0	0	0	6	0	0	0	0	6

高久、長島、中後、渡辺、池田、○石毛―長村
大石、●坂元、長島―竹節

2回戦（6月11日）

	1	2	3	4	5	6	7	8	9	
日大	0	1	1	0	0	1	0	0	0	3
駒大	0	0	0	3	0	0	1	0	×	4

三上、●大石―竹節
渡辺、○長島―長村
本塁打＝三神（駒）

対三と再び勝ち越すと、先発・渡辺浩幸（大分高田）をリリーフした長島三夫（木更津中央）が最少リードを死守、前日三失点と炎上した雪辱をはたした。

勝利の瞬間、石毛をはじめ、四年生たちは抱き合って泣きじゃくった。前年連覇を達成し、大学日本一の座にも就いた百戦錬磨のつわものたちでも、「そこまで追いつめられるのが、東都の入替戦」（大田監督）だった。

「一部に残れたのだから、初心に帰って、もう一度やり直したい」と雪辱を誓った石毛は、秋のラストシーズンで、V奪回こそ実現できなかったものの、打率三割七分二厘で初の首位打者に輝き、有終の美を飾っている。

その後、石毛はプリンスホテルを経

て、ドラフト一位で西武入り、チームリーダーとして八度の日本一に貢献したのは、周知のとおりだ。

だが、現役引退後も大学時代の入替戦の記憶は鮮明に残り、「今思い出しても鳥肌の立つのが一九七八年春のシーズンです。キャプテンを任された年の春にいきなり最下位ですからね。社会に出る前の年のシーズン、あれは大きな意義のある年でした」(『東都大學野球連盟七十年史』)と振り返っている。

⑦ 亜細亜大学・阿波野秀幸 一九八六年秋・プレーオフ《亜大対駒大》

チームは二位だったがMVPに選出

優勝争いを盛り上げるための新制度が導入される

東都では、リーグ戦で複数のチームが勝ち点、勝率で並び、優勝、または最下位が決まらない場合、プレーオフで決着をつけることになる。

一九八六年秋の亜大対駒大は、優勝決定戦の名にふさわしい延長一三回の大熱戦になったが、勝率の異なる勝ち点四同士のチームが戦ったという意味でも異彩を放っている。

勝ち点が同じなら、勝率に関係なくプレーオフで優勝を決めるという新制度が導入されたのは、一九八六年だった。

同じ勝ち点、勝率によるプレーオフは、一九六二年秋の日大対中大を最後に四半世紀近くも途絶えており、プレーオフの条件を「勝ち点制」に変更し、チャンスを広げることによって、優勝争いを一層盛り上げようという狙いからだった（一九五四年秋にも勝率の異なる勝ち点四同士の日大と専大が優勝決定戦を行い、勝率では下位の日大が優勝した例がある）。

現在は優勝がかかった試合でも一般学生の数は少ないが、当時の東都は、「勝ち点を挙げたほうが優勝」という大一番では、平日開催にもかかわらず、神宮の一塁側、三塁側の両方が一万人規模の学生、OBたちで埋め尽くされ、球場を揺るがすような大声援を送っていた。

新制度導入は、このような盛り上がりを見せる優勝決定戦の機会が増えれば、集客面でも大きなプラスになり、リーグ全体も活気づくという期待感も、少なからずあったと思われる。

四年連続〝秋の王者〟か、五季ぶりの戴冠か、駒大と亜大がプレーオフで激突

一九八六年秋のリーグ戦、優勝争いは連覇を狙う春の覇者・東洋大を中心に、春二位の駒大と三位の亜大がほぼ横一線とみられていた。

ところが、開幕早々、東洋大が青学大に一勝二敗で勝ち点を落とす波乱の幕開け。

一方、エース・阿波野が夏にカナダで開かれた四ヵ国対抗野球の際に左膝を痛め、回復具合が心配された亜大は、阿波野の先発、リリーフで、四九シーズンぶり一部復帰の東農大に連勝と好スタートを切った。大事をとって、オランダ開催の世界選手権を欠場して途中帰国後、療養に努めたことが結果的に幸いした。

投打に充実し、一九八三年から四年連続の〝秋の王者〟を狙う駒大も、開幕カードで青学大に連勝し、第三週で勝ち点一同士の亜大と激突した。

九月二五日の一回戦は、阿波野が駒大打線を七安打七奪三振と要所を締めて得点を許さず、八回に四番・若林新治（静岡商）のタイムリーで挙げた虎の子の一点を守り切った。

翌日の二回戦は、駒大が二対二の五回、高柳靖法（佐賀商）の左越え二ランで勝ち越し、一勝一敗のタイに戻す。

そして、阿波野が中一日で先発した三回戦も、五回まで二対二とがっぷり四つの熱戦となったが、亜大が六回に若林の犠飛で勝ち越し。その後も長打で二点を加え、五対二で勝ち点二を獲得。単独首位に浮上した。

亜大は翌週の青学大戦も、阿波野が先発、リリーフで連勝し、六勝一敗の勝ち点三で単独首位に。五季ぶりの優勝に大きく前進した。

亜大を追う駒大も、第五週で東農大に連勝し、五勝二敗、勝ち点二で、専大とともに二位につけた。

第六週、亜大はすでに優勝戦線から脱落した東洋大、駒大は東都の〝ドクターK〞関清和（鉾田一、ロッテ）を擁する専大と対戦した。

一〇月一四日の一回戦は、勢いで勝る亜大が六対二で先勝。阿波野も八回までエラーの走者一人だけの無安打無失点、九回に二安打で二点を失ったものの、大学通算三〇勝目を挙げた。

だが、翌日の二回戦は、負ければ最下位危機の東洋大が田中泰（東洋大姫路）、山下徳人《のりひと》（箕島、ロッテ）の本塁打などで一三対四とお返し。亜大は阿波野に次ぐ二番手投手不在の弱点を露呈した。

さらに一勝一敗で迎えた三回戦では、阿波野が四回に守永克己（上尾）、田中に連続被弾するなど一二安打七失点。思わぬ乱調で勝ち点を落とし、開幕からの快進撃もついに止まった。

一方、専大と一勝一敗のタイになった駒大はこの日、二対四の七回に二番・野村謙二郎（佐伯鶴城、広島）が左中間に起死回生の同点二塁打を放ち、戸栗和秀（富士宮北）の右中間二塁打で一気に逆転。七勝三敗、勝ち点三で亜大と同率首位に並んだ。

ここから亜大が再び一歩抜け出す。

阿波野VS関の投手戦になった一〇月二一日の専大戦は、一対一の七回に犠飛で勝ち越されたが、八回に佐藤が幸運な二飛落球で出塁すると、四球と中坪将司（京都西）のバント安打で無死満塁とし、押し出し四球とスクイズで三対二と逆転。小技や足技を多用して得点に結びつける

〝スモールベースボール〟は、当時の亜大のお家芸だった。

翌日の二回戦も、連投の阿波野が五安打一失点完投の二対一で逃げ切り、一九七一年春の亜大・山本和行（広島商、阪神）以来、リーグ史上三人目のシーズン九勝目。チームも九勝三敗の勝ち点四で、再び単独首位に立った。

栄冠の行方は、駒大が最終週の東洋大戦で勝ち点を落とせば、亜大の優勝。二勝一敗でも勝ち点を挙げれば、勝ち点四同士のプレーオフとなる。

一〇月二九日の一回戦、駒大は戸栗、野村が二ラン、為永聖一（佐賀商）、熊倉登（糸魚川）がソロと計四本塁打を浴びせ、一一対三の大勝。

東洋大は一〇月二四日の東農大三回戦で逆転勝ちし、最下位を免れた直後とあって、逆転優勝を狙うチームと入替戦を回避してホッとした両者の差がそのまま出たような結果になった。

大学時代の阿波野投手

だが、翌三〇日の二回戦は、東洋大が春の王者の意地を見せる。

二対二の六回二死、田中がリーグ最多のシーズン五号となる左越え二ランで勝ち越し。

八回に野村のタイムリーで一点差に追い上げられたが、先発・中村孝幸（上尾）が九回無死一塁のピンチを絶妙の牽制球で切り抜け、四対三で逃げ切った。

これで駒大は八勝四敗。前年までのルールなら、この時点で亜大の優勝が決定していたのだが、新制度により、三回戦の結果待ちとなった。

シーズン中から「（勝率で上回って）これで負けたらバカみたいですからね」と言い続けていた阿波野は、一〇月二二日にリーグ戦の全日程を終えても、「プレーオフがある」と肝に銘じ、チームメイトたちとふだんどおりの練習を黙々と続けていた。

そして、一〇月三一日の三回戦、駒大は三回に今井克善（松代）の二ランで挙げた二点をエース・新井富夫（熊谷西）が六安打完封で守り切り、プレーオフ進出を決める。

新井が最後の打者・田中を一邪飛に打ち取った直後、駒大ナインは口々に「さあ、プレーオフだ！」「優勝を決めるぞ！」と言い合い、気勢を上げた。太田誠監督も「プレーオフは、儲けものゲーム。精一杯やるだけですよ。四年生に一日でも長く野球をやらせようという下級生の気持ちが、この結果を生んだんだ」と二季ぶりのリーグ制覇に闘志を新たにした。

一方、阿波野も「東洋大が勝てば、僕らの優勝だったんですがね。今度は自力で優勝を勝ち取るしかない。決めますよ」と必勝を誓った。

一年前にも栄冠をかけてギリギリの戦いをしていた両校

くしくも一年前、一九八五年秋も駒大、亜大の両校は、最終週で六勝一敗の勝ち点三同士（同年は国士大が特待生問題で出場停止となり、五校で開催）で、「勝ち点を挙げたほうが優勝」のＶ決戦を行っていた。

この三連戦も記憶に残る名勝負となった。

亜大・阿波野、駒大・新谷博（佐賀商、西武、日本ハム）の両先発で始まった一〇月二二日の一回戦は、二対二のまま延長戦に突入し、一一回に駒大が代打・太田代慎也（東海大一）の左越え決勝アーチで先勝した。

翌二三日の二回戦、勢いに乗る駒大は序盤に三点を挙げ、先発・三原昇（日大藤沢）をＫＯ。これに対し、亜大も一点差に追い上げた五回、阿波野の二塁打を足場に内野安打と四球で無死満塁のチャンスをつくると、佐藤が新谷から値千金の満塁アーチを放ち、一気に逆転。七対五で打ち勝った。「もう、うれしくて、何も覚えていません」と感激した佐藤は、翌二四日の三回戦でも大暴れする。

三連投の阿波野が初回、駒大の四番・篠原昭人《あきひと》（丸亀商）に先制二ランを浴びるが、その裏、佐藤が前日同様、新谷から追撃ソロを放ち、一点差に。

駒大は五回と七回に一点ずつを追加、亜大も七回に一点を返し、二対四のまま最終回を迎えた。

あとがない亜大は九回裏、佐藤が新谷から起死回生の右越え同点二ランを放ち、土壇場で追いつく執念を見せた。

だが、延長一一回、三日間の疲れから制球が定まらなくなった阿波野がつかまり、為永の決勝打と重盗で二失点。惜しくも優勝を逃した。

二日間で三本塁打を固め打ちした佐藤は後年、「結局、負けてしまったんですが、僕は絶好調という感じでしたから、とても思い出に残っています」（自著『パンチ佐藤の迷語録人生』）と回想している。

佐藤にカモにされた新谷は、一九八二年夏の甲子園大会初戦、木《き》造《づくり》戦で、完全試合まで「あと一人」に迫りながら、二七人目の打者に死球を与えたシーンを覚えているファンも多いはずだが、プロ入り後も佐藤と死球絡みの〝因縁対決〟を演じている。

一九九二年八月二二日のオリックス対西武、三点リードの七回一死、代打で登場した佐藤は、新谷から右腰に死球を受けたことに激怒。あわや乱闘の騒ぎになった。

試合後、冷静に戻った佐藤は「新谷からは大学時代、二試合で三本ホームラン打ってるんです。（死球は）それがあるからかなあ」とコメントしている。

新谷が七年前のことを覚えていたかどうかは定かではないが、毎年のようにプロに多数の選手を送り出し、プロでもOB同士の対決シーンが多く見られる東都らしいエピソードと言えるだろう。

「五回までは点を取ろうとするな」という太田監督のユニークな指令

ともあれ、一九八五年秋に優勝をかけて熾烈な三連戦を繰り広げた駒大、亜大の両校は、一年後、今度はプレーオフという形で、一一月四日の六大学新人戦終了後、ナイターで再び相まみえることになった。

亜大・阿波野、駒大・新井の先発で始まった試合は、三回、亜大が阿波野の安打を足場に佐藤の右前タイムリーで二点を先制。

阿波野は四回にも三点目となる右越えタイムリー二塁打を放ち、投打にわたって気を吐く。この日の阿波野は、五打数四安打一打点を記録している。

これに対し、「あれこれ言っても、(阿波野を)打てるもんじゃない」と考えた駒大・太田監督は「五回までに点を取ったら、承知しないぞ」と奇妙にも思える指示を出していた。

その真意は、五回まで「二ストライクを取られるまで打たない」〝積極的なウェイティング〟戦法をとり、阿波野に球数を多く投げさせて、消耗させるのが狙いだった。

立ち上がりから三振の山を築き、七回まで二安打一失点に抑えていた阿波野も、回を追うごとに疲れはじめ、三対一の八回に一死二、三塁のピンチを招く。

この場面で、太田監督は代打に四年生の村本忠秀(高岡第一、NTT関西監督などを経て、高岡第一監督）を起用した。リーグ戦では出場三試合の二打数一安打と出番に恵まれなかったが、高校時代から強打の捕手として注目されていた。

「思い切って行け」と送り出された村本の打球は、阿波野の足元へ。咄嗟に捕球を試みた阿波野だったが、不運にも打球はグラブに当たって軌道を変えると三遊間へ。走者二人がかえり、三対三の同点になった。

試合はそのまま延長戦に入り、阿波野は歯を食いしばって投げ続ける。駒大は九回から二番手・田村勤（島田、阪神、オリックス）をリリーフした新谷が「（リーグ戦で不調だった）借りを返したい」と、安打を許しながらも要所を締め、スコアボードにゼロを並べていく。

一三回、亜大は一死二塁のチャンスをつくるが、あと一打が出ない。

その裏、駒大は一死から今井が死球で出塁。次打者・野村は送りバントを二度失敗するが、一―二から阿波野の四球目、サインがエンドランに変わると、外角のボール球に飛びついて、三塁前に転がした。

この併殺コースと思われた打球を代わったばかりの三塁手が、一塁走者・今井のスタートに焦り、二塁に低投したことから、一死一、三塁となった。

守りの乱れから、一打サヨナラのピンチ。亜大バッテリーは次打者・戸栗を敬遠し、満塁で四番・為永との勝負を選んだ。

「どんな球でも初球を打つ」と心に決めていた為永は、阿波野の一七三球目をピッチャー返し。

1986年秋　プレーオフ　阿波野延長13回に力尽きる

プレーオフ(11月4日)　延長13回

	1	2	3	4	5	6	7	8	9	10	11	12	13	
亜大	0	0	2	1	0	0	0	0	0	0	0	0	0	3
駒大	0	0	0	1	0	0	0	2	0	0	0	0	1×	4

●阿波野―岩本

新井、田村、○新谷―高柳

平凡なゴロにも見えた打球は、阿波野が差し出すグラブの先端をかすめると、誰もいない三遊間を転々。ふだんなら処理できたはずの打球だったのに、一三回まで投げ続けた疲労と一一月初旬の夜冷えの寒さから、体が思うように反応しなかったのかもしれない。

この間に三塁から今井が躍り上がってサヨナラのホームを踏んだ瞬間、四時間五分の死闘は幕となり、駒大の一八度目の優勝が決まった。

為永は二年連続の秋の優勝決定戦で、いずれも阿波野からV打。この偶然も因縁めいたものを感じさせられる。

全員で勝ち取った栄冠に、太田監督は「(八回に)よく追いついてくれた。新谷もよく踏ん張ったしね。リーグ戦では、ウチのほうが亜大より一敗多いから、プレーオフは拾いものだよ、と選手に言っていた。だから、プレッシャーをかけなかった。それが良かったのかな」と感無量だった。

一方、マウンドで非情のゲームセットを迎えた阿波野は、眩いカクテル光線の下、ホームインする今井に視線を投げかけることもなく、勝利の女神を振り向かせることができなかった悔しさをかみしめていた。

試合後、報道陣に囲まれた悲運のエースは「しんどかった」と第一声。その目には光るものがあった。だが、気持ちを切り替えると、「終わったんですね。これだけ神宮で投げられるようになるとは……。亜大に入って幸せでした」と激動の四年間を振り返った。

〝不思議なプレーオフ〟は一度きりで終わりを告げた

勝率で下位のチームが優勝し、〝不思議なプレーオフ〟とマスコミに報じられた新制度は、同年の一回限りで終わりを告げた。

その後、東都では、一九八八年秋に二校（青学大が九勝三敗、駒大が九勝五敗）、八九年春に三校（専大が九勝三敗、駒大が八勝四敗、青学大が九勝五敗）が、いずれも勝率の異なる勝ち点四で並ぶ事例が相次いだことを考えると、導入一年目の新プレーオフで負け数が多いチームが優勝する逆転劇が起き、従前のプレーオフに戻ったのは、天の配剤だったようにも思えてくる。

⑧ 専修大学・黒田博樹　一九九五年秋　入替戦《専大対日大》

そのストレートに名スカウトが惚れ込んだ

高校時代に目立たなかった男が大学を経て野球界のレジェンドに

日米通算二〇三勝を記録し、二〇二四年に殿堂入りもはたした黒田博樹（上宮、広島、MLB）は、高校時代は三番手の控え投手だった。これといった実績もあまりなく、甲子園にも出場していない。

1995年秋の入替戦2回戦で先発した専修大学時代の黒田投手

専大入学後も三年間、東都二部リーグで過ごした。

だが、四年春に一部昇格をはたすと、神宮球場のスピードガンで、東京六大学、東都リーグの大学生では初めて一五〇キロをマークして、一躍注目を集めることになる。

そして、二〇年間に及んだプロ野球人生でも、広島のエース、メジャーリーガーとして輝かしい足跡を残し、広島時代の背番号一五は永久欠番になった。

そんなレジェンド右腕の知られざる大学時代を紹介する。

西郷隆盛の漢詩「耐雪梅花麗」を胸に刻んで投げた高校時代

小学生のときに、昭和二〇年代から三〇年代にかけて南海、高橋、トンボのレギュラー外野手（現役最終年は大映）として活躍した父・一博さん（佐世保商）が監督を務めるオール住之江に入団したのが、黒田博樹の野球人生の始まりだった。

高校は、前年の一九八九年に元木大介（巨人）、種田仁（中日、横浜、西武）らを擁してセンバツで準優勝した大阪の強豪・上宮に進んだが、一学年先輩に藪田安彦（ロッテ、MLB）、中村豊（明大、日本ハム、阪神）、同期に西浦克拓《かつひろ》（日本ハム）、筒井壮（明大、中日、阪神）ら錚々たるメンバーがズラリと並び、「周りのレベルが高過ぎて、ライバル視できる相手がいない」ほど圧倒された。

田中秀昌監督（当時はコーチ、上宮、近大）も「スピードのあるボールを投げていましたけど、けっして目立つ存在ではありませんでした」（『黒田博樹　永遠の「15」』）と回想する。

黒田自身も「ピッチングでは褒められたことがない」「走らされてばかりだった」と振り返っ

ている。

だが、どんなときでも手を抜くことなくしっかりランニングを続け、叱られても絶対に嫌な顔をしない真面目な部員だった。

高校時代の黒田が最も輝いたのは、二年秋の九一年の近畿大会だった。新チームは西浦がエースになり、溝下進崇（関大）が二番手。ボールは速いが、コントロールに難のあった黒田は三番手だった。

チームが優勝した秋の大阪府大会では出番なしで終わったが、秋に就任した田中監督が練習で投げている黒田のコントロールが良くなっていることに気づき、「これは投げさせないわけにいかない」と近畿大会での起用を決める。

センバツ出場のかかった準々決勝の日高戦、一対〇の七回途中からリリーフした黒田は、無失点に抑え、西浦との完封リレーを達成。

準決勝のＰＬ学園戦でも、八回からマウンドに上がると、九回に一点を許したものの、今岡誠（東洋大、阪神、ロッテ）らの強力打線を抑えて、三対一の勝利に貢献した。

決勝の天理戦でも、五点をリードされた四回からリリーフすると、九回までの六イニングを三安打無失点に抑えた。

天理には六対八で敗れたものの、近畿大会準優勝という成績から、翌春のセンバツ出場も確実視され、登板三試合でいずれも好投した黒田は、甲子園でも登板する可能性があった。

しかし、その後、前監督の授業中の体罰事件が告訴問題に発展したことから、学校側が自主的に推薦辞退を申し入れ。センバツは幻と消えた。

翌九二年のセンバツで三本塁打を放ち、〝ゴジラ〟の異名をとった星稜時代の松井秀喜（巨人、MLB）も「センバツに出る予定だった上宮に、球の速い投手がいると聞いていました」と回想しているので、近畿大会後、黒田の評判は関係者の間で広まっていたようだ。

九二年夏、上宮は五回戦で近大付に敗れ、甲子園の夢を絶たれた。

再び制球が不安定になった黒田は、背番号11でベンチ入りも、登板なしで高校最後の夏を終えている。この時点では、後に野球殿堂入りをはたしたレジェンドの雄姿は、誰にも想像がつかなかった。

高校時代の黒田は、書道の授業で知った「耐雪梅花麗」（雪に耐えて梅花麗し）という言葉に感銘を受け、座右の銘にしたことでも知られる。この言葉は、明治五年（一八七二）に西郷隆盛がアメリカに留学する甥の市来《いちき》政直に贈った漢詩の中の一節で、「厳しい雪の寒さに耐えてこそ、梅の花は美しく咲く。人間も、多くの困難を経験してこそ、大きなことを成し遂げられる」の意味になる。まさに黒田の野球人生を象徴する至言と言えるだろう。

地元の大学で楽しみながら野球を続けるのなら「家から出ていってくれ」と母に言われて専大へ

卒業後の進路は、地元・関西の大学から推薦入学の話が来ていたので、当初は「そこそこの大学で、野球を楽しみながらでも続けよう」と考えていた。

ところが、自宅からも通える大学なのに、母・靖子さんに「頼むから家から出て行ってくれ」と突き放されてしまう。父からも「もう一回勝負してみたらどうだ」と大学野球の盛んな関東で「上」を目指して野球を続けるようアドバイスされた。

自立を促す母、さらなる挑戦を勧める父の言葉を真摯に受け止めた黒田は「レベルの高い上宮で三年間頑張ったのだから、『上』のレベルの野球を続けたい」と思い直し、一年先輩の捕手・新出《しんで》勝治が在籍する専大のセレクションを受験した。

東都リーグ創設以来の名門・専修大学は、岡林洋一（高知商、ヤクルト）、町田公二郎（＝康嗣郎　明徳義塾、広島、阪神）を擁して一九八九年春に通算三一度目の優勝を達成したが、九一年春から三季連続最下位と低迷。九二年春の入替戦で国学大に敗れ、二部に降格したばかりだった。

一部復帰を目指して再スタートを切った直後とあって、セレクションには全国から有望選手が集まっていた。

そんな激しい競争のなか、黒田は「自分のありのままの投球を見てもらって、それで判断してもらえればいい」と開き直ったことが吉と出る。

緊張することもなく、自然体で投げると、コントロールも良くなり、本来なら後日選考結果が通知されるにもかかわらず、即日で「ウチで投げてくれ」と合格を告げられたという。球が速いうえに、コントロールも安定していたことが、高い評価につながったようだ。

望月教治《きょうじ》監督（静岡商）は後年、「黒田は上宮では三番手投手。入学させるのに苦労したが、大学でものすごく成長した。甲子園で活躍した選手より無名のほうが頑張る。真剣味が違った」と回想している。

プロのスカウトが惚れ込んだ、ただ速いだけではない、ひと味違うストレート

一九九三年、専大入学後、一年春からベンチ入りした黒田は、四月一四日の国士大三回戦で、〇対一の九回に三番手としてリーグ戦デビュー。二度目の登板は、五月六日の東農大戦だった。

この試合は、たまたま筆者も観戦していた。四日前に巨人のドラ一ルーキー・松井秀喜がヤクルト・高津臣吾（広島工、亜大、ヤクルト、MLB）からプロ一号を放ったことがきっかけだった。くしくも前年夏の甲子園で星稜時代の松井を五打席連続敬遠した明徳義塾の投手・河野和洋《かずひろ》が専大の一年生として、本職（外野手）の打力を生かして中軸を打っていたので、新天地で活躍する両者の対比を記事にすることになったのだ。

その河野が四回二死二、三塁で中越えの先制二点タイムリー二塁打を放ち、五回まで専大が三対〇と優勢だったが、六回に東農大が二点を返し、一点差に。その後、八回に東農大は三点を挙

げて逆転するが、黒田が三番手でマウンドに上がったのは、この場面だったと記憶している。

「ピッチャー、黒田君。上宮高校」の場内アナウンスが流れると、前年一一月のスポーツ紙にドラフト候補の一人として掲載されていた投手だと思い当たった。

上宮は五人の選手が掲載されていたので、「エースだけでなく、控え投手もドラフト候補なんだ」（プロ志望届導入以前のドラフト候補は、大学や社会人を経て、将来指名される可能性のある選手もピックアップされていた）と、その分記憶が鮮烈だった。

だが、東農大はこのシーズンで優勝し、一部昇格をはたした好チームとあって、容易に抑えられる相手ではなかった。黒田は安打と四球などで二点を失い、試合も五対六で敗れた。

これがシーズン最後の登板となったが、黒田自身は「大学に入って球速が上がり、コントロールも落ち着いてきた。一年春のリーグ戦で登板する機会にまで恵まれた」と前向きにとらえている。

この試合で、専大は黒田、河野以外にも、岡村憲二（明徳義塾）、山崎大輔（天理）ら甲子園で活躍した名門校の主力選手が一年生ながら揃って先発出場し、二年生・小林幹英《かんえい》（新潟明訓、広島）も黒田のあとに四番手でリリーフ。二、三年後が楽しみなチームに映った。

だが、一年秋のリーグ戦では、黒田は肩を痛めて登板できず、「とにかく走らせるので有名なコーチ」の命令で連日走らされていた。雨の日も「骨までは濡れないから大丈夫だ」と走らされたというから、徹底している。当時の専大のコーチ二人は、どちらも投手出身だったので、走ることに主眼を置いていたのもうなずけるものがある。

その後、肩の状態が良くなった黒田は、一九九四年四月一二日の拓大二回戦で、大学初先発でマウンド復帰。「投げられる喜び」を実感する。先発、リリーフで計四試合に登板。うれしい大学初勝利も手にした。

「とにかくすごいボールを投げていた」という一年先輩の小林幹英に追いつき、追い越すことを目標にした黒田は、同年秋も「小林さんと同じくらい勝ちたい」とライバル心を燃やした。高校時代はチームメイトをライバル視することができなかったが、専大時代の黒田は、ただ「すごい」と驚いて見ているだけではなく、相手を目標やライバルとしてとらえることができるようになっていた。

だが、秋は先発で二試合登板も結果を出せず、〇勝二敗。「調子は良かったが、高めを行かれた」と反省の言葉を口にした。

ちょうどその頃、小林を目当てに伊勢原市の専大グラウンドを訪れた広島・苑田聡彦《そのだとしひこ》スカウト（三池工、広島）が、黒田に着目している。部員二人と練習着姿で合宿所からグラウンドに続く坂道を歩いている後ろ姿を見て、「カッコいいな」と思ったのが、最初の出会いだったという。「本当に後光が差して見えました。三人で歩いていたけど、この男だけは違うと感じました」（『黒田博樹　永遠の「15」』）。

当時の黒田は、球は速くても、肝心なところで四球を連発して崩れる欠点を克服できていなかったが、苑田スカウトは、黒田の最大の持ち味である〝素晴らしいストレート〟にとことん惚れ込んだ。

「ただ速いだけでなくて、バックネット側から見ていても、魂の入ったボールというか、打てるものなら打ってみろ、という感じがするボールでした」と磨けば光る〝ダイヤモンドの原石〟に強い思いを抱き、一年半にわたってグラウンド通いを続ける。そして、グラウンドに他球団のスカウトが来ていないのを確認すると、安堵したという。

東都二部リーグのチームのエースでもない投手に注目するスカウトは、苑田スカウトを除いて、いなかったようだ。

一部昇格の勝利投手となったが〝松井秀喜を敬遠した男〟に主役の座を奪われる

黒田も一歩ずつ階段を上っていくように精進を続け、三年生になった九五年春は、四月二日の亜大戦で二失点完投勝利を記録するなど四勝を挙げ、大きく飛躍した。負けん気の強い一面もあり、「大事なところで打たれて悔しい」と中大戦で勝ち点を落とし、亜大と勝率差で優勝を逃した雪辱を誓った。

そして、同年秋、黒田は先発二番手として登板五試合で三勝一敗、防御率二・八六という安定した成績を残し、六勝を挙げた小林とともに二部優勝の立役者となる。

入替戦の相手は、日大だった。

日大は、一九九二年秋にエース・門奈哲寛（常葉菊川、巨人）、四番・真中満（宇都宮学園、ヤクルト）で二一年ぶりの優勝を実現したのに、わずか三年後に入替戦に回ることになろうとは、まさに〝戦国東都〟だった。

一一月八日の一回戦は、専大が五回に新出のピッチャー返しの中前タイムリーで一点を先制したが、六回まで無失点に抑えていた小林が七回に二者連続四球と乱れ、二死一、二塁から埴谷孝行（関東一）に逆転の二点タイムリー二塁打を浴びてしまう。

だが、専大も八回二死三塁、鈴木理男《りお》（興誠）が日大の三番手・清水直行（報徳学園、ロッテ、横浜）から中前に同点タイムリーを放ち、二対二のまま延長戦へ。

そして、一〇回二死三塁から二部通算一六本塁打の三番・河野が敬遠され、一、三塁のチャンスに四番・岡村が右中間に運び、劇的なサヨナラ勝ちを収めた。

翌九日、一部復帰に王手をかけた専大は、黒田が先発。一回に主将・戸塚和也（池新田）が先制の先頭打者本塁打、さらに山崎のタイムリー三塁打で計二点の援護をもらったが、その裏、立ち上がりから不安定さを露呈し、岡野武志（日大藤沢）のタイムリーなどで早くも同点に追いつかれてしまう。

この試合で八つの四球を与え、「調子は良くなかった」という黒田だが、二回以降は何とか立ち直り、試合は二対二のまま七回まで進む。この回、専大は黒田をリードする捕手・新出の安打

1995年秋入替戦　黒田が勝ち投手で1部復帰

1回戦（11月8日）延長10回

	1	2	3	4	5	6	7	8	9	10	
日大	0	0	0	0	0	0	2	0	0	0	2
専大	0	0	0	0	1	0	0	1	0	1×	3

永井、谷村、清水、●郷野―高根沢
○小林―新出

2回戦（11月9日）

	1	2	3	4	5	6	7	8	9	
専大	2	0	0	0	0	0	1	0	0	3
日大	2	0	0	0	0	0	0	0	0	2

○黒田、植木―新出
成田、山田、●谷村、永井―高根沢
本塁打＝戸塚（専）

を足場に二死一、二塁のチャンスをつくり、「気合で打った」という河野が左前に執念の決勝タイムリーを放つ。

その裏、無死から黒田を救援した四年生の植木洋貴《ひろたか》（藤嶺藤沢）が九回まで無失点に抑え、三対二で逃げ切り。専大は二試合とも一点差の接戦を制し、八季ぶりの一部復帰を実現した。

一〇月に還暦を迎えたばかりの望月監督は「ホッとしました。責任をはたしたというか。いい還暦祝いになりました」と喜びながらも、「本当は去年の春に（一部に）上がるつもりだったんですがね。予定では春、秋とも（二部で）優勝し、どちらかの入替戦で一部に上がるつもりだったんです。それにしても、やはり戻るのは難しいね。周りも強くなっているし、苦労しましたわ」と入替戦を勝ち抜くことの難しさを強調した。

当時の報道を見ると、一部昇格を決める勝ち越しタイムリーを放った河野にスポットが当たり、「甲子園で松井秀喜を敬遠した投手が、打者でヒーローになった」という内容で大きめに紹介されているのに対し、勝利投手になった黒田については、ほとんど触れられていない。まだ全国的には無名という扱いだった。

明大・川上憲伸よりも先に、神宮球場で一五〇キロをマーク

翌一九九六年、大学四年目で初めて一部のマウンドに上がることになった黒田は、最上級生の自覚から「自分が中心となって、しっかりしないといけない。挑戦する気持ちで、一戦一戦に集中して積み上げていきたい」と闘志を新たにする。

四月一八日の東洋大二回戦、二日前の夜に合宿所で就寝中、ムカデに首筋を刺されるアクシデントに見舞われた黒田は「その夜は痛くて一睡もできなかった」ことから、一日スライドして先発のマウンドに立った。

この日も一回に打球を右手親指に当てるアクシデントがあったが、「プラス思考」で乗り越えると、六回を六安打二失点で福原忍（広陵、阪神）に投げ勝ち、一部初勝利を挙げた。

当時の一部は、ほかにも駒大・高橋尚成（修徳、巨人、ＭＬＢ、横浜）、青学大・沢崎俊和（志

学館、広島）、倉野信次（宇治山田、ダイエー）、亜大・部坂《へさか》俊之（横浜、阪神）、佐藤宏志（瀬戸内、巨人、楽天）、立正大・広田庄司（三重海星、ダイエー）ら後にプロ入りする好投手が顔を並べ、黒田のライバル心をかき立てた。

それまでは小林を目標に「専修大学でナンバー1の投手になりたい」と精進を重ねてきたが、一部に昇格したことにより、「飛躍的に視野が広がる経験」が待っていた。

以後、黒田はプロ時代も含めて、目の前のひとつの殻を打ち破ると、さらに新しい外の世界が広がり、常に「上を目指していく」状況が続くことになる。

対戦する打者にも、手強いライバルが現れた。青学大の井口忠仁（＝資仁　国学院久我山、ダイエー、MLB、ロッテ）である。

五月一日の青学大戦の三回無死、その井口に法大時代の田淵幸一（法政一、阪神、西武）と並ぶ神宮タイ記録の通算二二号をバックスクリーンに叩き込まれる。

だが、黒田は「けっして失投ではなかった」と素直に井口の実力を認めた。「真っ向勝負でホームランを打たれ、そのとき生まれて初めて、打たれて気持ちがいい、そう思ったのだ。自分の力のなさ、コイツに打たれたら仕方がない。本気でそう思える打者だったし、そんな選手に今まで出会ったことがない」（自著『決めて断つ』）という理由からだった。

このシーズンで秋春連覇を達成した青学大には一勝二敗で勝ち点を落としたものの、黒田は五月八日の駒大戦で高橋に投げ勝ち、一失点完投で二勝目。さらに同二三日の立正大一回戦で、黒田は〝伝説の男〟になる。

一回二死一、三塁のピンチで、五番・小野田修司（中央学院）を二ストライクと追い込んだあとの三球目が一五〇キロをマーク。小野田のバットは虚しく空を切った。

同年四月一三日の東京六大学開幕戦から神宮球場のスピードガン表示が導入され、明大・川上憲伸（徳島商、中日、MLB）が一五〇キロの壁を破るのではと注目されていた。

そんななか、この春、一部リーグデビューをはたしたばかりの黒田が、東京六大学、東都リーグの最速記録となる史上初の一五〇キロを実現したのだ。

「手応えがあったので、振り返って掲示板を見た」という黒田は「あの直球から腕が振れるようになった」と、終盤になっても球威が衰えることなく、一四〇キロ台後半を連発。終わってみれば、被安打六の四対〇で大学初完封を記録した。一五〇キロを出したことで、投球のコツをつかみ、ひと皮剝けたようにも見えた。

専大は八勝六敗、勝ち点三の四位でシーズンを終え、黒田と岩淵秀和（静岡）が三勝。萩原多賀彦（伊東城ケ崎、ヤクルト）が二勝と、投手陣も切磋琢磨して層が厚くなった。

「（一部は）力の差はまったく感じなかった。あまり上を狙い過ぎず、一試合一試合、丁寧に行きたい」と一部でも自分の力が通用することに自信を深めた黒田は、四年秋のラストシーズンでもベストを尽くすことを心掛ける。

九月一九日の東洋大三回戦で二対一の完投勝利を挙げると、一〇月九日の立正大戦では広田と投げ合い、これまた二対一の完投勝利。そして、同二二日の駒大戦も三対二の完投勝利で、春秋連続四位になったチームの六勝のうち、半分を黒田が挙げた。

一部通算六勝四敗はそれほど目立った成績ではなく、六月に行われた日米大学野球のメンバーにも選ばれなかった黒田だが、早い時期から目をつけていた広島が逆指名の二位で獲得する。

これまで高校生の指名が中心で、逆指名は一九九四年の山内泰幸（尾道商、日体大）一人だけだった広島が、一位・沢崎、二位・黒田と初めて上位二人を逆指名枠で獲得した画期的な補強の年でもあった。

球団側の意向で、一位は即戦力の沢崎になり、戦力になるまで二、三年かかるとみられた黒田は二位になった。苑田スカウトは「二位だとどうかな」と不安を抱えながらも、黒田に「二位でしかいけない」と伝えると、「もし他球団が来ても、僕は広島カープにお世話になります」という答えが返ってきた。お金や条件のことも一切言わなかったという。無名時代に声をかけてくれたことに恩義を感じていたのだ。後に「男気」が代名詞になった黒田らしいエピソードである。

広島入りした黒田は、沢崎とともに一年目から先発ローテ入りをはたし、一九九七年四月二五日の巨人戦でプロ初登板初先発。センバツ出場が幻と消えた五年前、黒田の存在を知りながら対戦が実現しなかった松井秀喜からプロ初三振を奪っている。

⑨ 中央大学・亀井義行　二〇〇四年秋　リーグ戦《中大対駒大》

静かに燃える男の歓喜のガッツポーズ

大学日本一を最後に二五年間、一部優勝から遠ざかっていた中大

主将で4番とチームの支柱だった亀井選手

〝戦国東都〟では、リーグ戦の最終カードで「勝ったほうのチーム（または勝ち点を挙げたチーム）が優勝」というV決戦が演じられることも多い。

そんななかでも、二〇〇四年秋の中大対駒大は、雨天による未消化カードが一一月初旬まで順延された結果、優勝争いが両校に絞られ、六大学新人戦終了直後のナイターで二回戦、翌日の昼に三回戦が組まれるという史上稀にみる強行日程の優勝決定戦となった。

中大は筆者が入学して間もない一九七九年春に九季ぶり二三度目のリーグ優勝をはたし、六月の全日本大学野球選手権でも、岡田彰布《あきのぶ》（北陽、阪神、オリックス）が四番を打つ早

大を七対三で下して日本一になった。

背番号10のエース・香坂英典（川越工、巨人）の力投、四番・小川淳司（習志野、ヤクルト、日本ハム）が早大戦の八回、大ファウルのあとに放ったダメ押し二ラン、同じ早大戦の三回二死満塁、小川のシングルヒットで一塁から一気に本塁を狙い、捕手の落球に乗じて貴重な三点目をもぎ取った高木豊（多々良学園、大洋、日本ハム）の激走を、つい昨日のことのように覚えている。

当時は「在学中に少なくともあと一、二回は優勝シーンを見ることができるだろう」と思っていたが、その後は二度にわたる二部降格もあり、一九九九年秋の一部復帰後も、翌二〇〇〇年春に阿部慎之助（安田学園、巨人）の活躍で五月前半まで首位を守ったことを除けば、ほとんど優勝争いに絡めないまま、二五年もの月日が流れた。

チームの中心打者に育つも優勝にはなかなか手が届かず

二〇〇四年の中大は、主将の亀井義行（＝善行　上宮太子、巨人）が四番を打ち、チームの精神的支柱だった。

二〇〇〇年春のセンバツで「大会ナンバーワン投手」と注目された亀井は、明徳義塾に一五安打の九失点と打ち込まれ、初戦敗退。

その後も夏は大阪大会準々決勝で敗退するなど、「自分を見失い、投手が好きじゃなくなった」

という。中大入学後は、打者に専念することになった。

筆者は二〇〇一年春のリーグ戦開幕前に、早大とのオープン戦で、一年生・亀井のホームランを目の当たりにした。

同年の中大は四番・阿部が抜け、後釜の四番打者がまだ定まっていなかった。この一発で亀井が新四番候補の一人に浮上したのは言うまでもない。

そして、四月一〇日の開幕戦、青学大戦、亀井は四番ＤＨでリーグ戦デビューを飾る。

この試合で中大は青学大のエース・石川雅規（秋田商、ヤクルト）を打てず、〇対一で完封負けを喫したが、亀井は第一打席で鋭い外野飛球を放ち、石川に最もタイミングが合っているように見えた。本人は「石川さんは、ベンチで見ていると打てそうだったのに、打席に入ると、スライダーの切れが違いました」と振り返っている。

その後は、四番を意識するあまり、「大きいのを狙って」野手の間を抜く本来のバッティングができなくなり、チーム最多の八打点を挙げたものの、打率は一割八分四厘にとどまった。秋も打率二割三厘と物足りない成績に終わる。

翌二〇〇二年二月、亀井はロッテのキャンプに参加し、大学の先輩・高畠導宏《たかばたけみちひろ》コーチ（岡山南、南海）の指導を受けた。

「昨年首位打者の福浦（＝和也　習志野、ロッテ）さんの打撃は見るだけで参考になりました」と初めて体験したプロの練習が大きな刺激となる。

春のリーグ戦では大学初本塁打を含む一五安打を放ち、リーグ八位の打率三割一分三厘をマークして初のベストナインを受賞。名実ともにチームの中心打者に成長したかに見えた。

だが、同年秋は打率一割六分一厘、二〇〇三年も春は二割五分、秋は二割六分四厘と思うような結果を出せず、「三割打って当たり前と周りから言われるし、自分もそう思う。今までの成績は満足できない」とさらなる精進を誓った。

そして、最上級生となり、主将に就任した二〇〇四年春は、打率三割四分、四本塁打、一五打点と入学以来最高の成績を残し、本塁打王と打点王の二冠、満票で二度目のベストナインを手にした。

だが、二五年ぶりの優勝を狙ったチームは、那須野巧（駒場学園、横浜、ロッテ）の日大にいずれも一点差で連敗し、八勝四敗、勝ち点四の二位に終わった（優勝は一〇戦全勝の日大）。

リーグ戦後、日米大学野球と台湾で開催された世界大学野球選手権に出場し、国際大会の舞台も踏んだ亀井は、大学ラストシーズンを前に「勝ち点をひとつずつ取って優勝する」と決意を新たにした。

春最下位から下剋上を狙う駒大の勢いに押され、優勝候補が一転V逸の危機に

本命・日大、対抗・中大の予想で幕を開けた秋のリーグ戦、中大は開幕カードで、二季連続勝

ち点を挙げていた青学大に〇対八、〇対二と連敗。苦しいスタートとなった。

ふだんは試合の翌日は練習が休みになるのに、一回戦は一安打、二回戦も二安打で完封され、内容が悪かったので、翌日も練習が強行された。練習中は私語厳禁とピリピリした雰囲気。部員の一人は「何でそこまで、という感じ。中大には珍しかった」と回想している。

亀井も「自分も含めて調子が最悪だったし、相手（青学大）が良かっただけと考えた。優勝の可能性はなくなっていないから」と気持ちを切り替えた。

気合を入れ直した中大は、九月二一日の東洋大戦で、国際大会出場後、疲労で調子を崩していた右下手投げのエース・会田有志（佐野日大、巨人。会田照夫＝上尾、東洋大、ヤクルト＝の三男）が三安打完封と復調し、六対〇でシーズン初勝利を挙げると、翌二二日の二回戦も二回に亀井が先制ソロを放つなど投打がかみ合い、四対二で連勝。初勝ち点を挙げた。

だが、一〇月七日の駒大一回戦では、サイド気味の変則フォームから鋭いスライダーを投げる左腕・服部泰卓《やすたか》（川島、ロッテ）の前に〇対二の完封負け。四安打二失点の会田を援護できず、三敗目を喫した。もし翌日の二回戦で敗れれば、優勝の夢も消えてしまう。

一方、春は最下位に終わった駒大は、夏に六年ぶりの青森キャンプを行い、寺に泊まって心身の鍛錬に努めた。

平田大門主将（鹿児島実）も「〝キャンプで練習した自信〟を持って、あの春（勝ち点〇で最下位。入替戦で専大に苦戦の末、二勝一敗で一部残留）があって良かったと思える秋を目指したい。

他の五チームから勝ち点を取る」と語り、チーム一丸となって二〇〇一年秋以来六季ぶりの優勝を目指していた。

秋のリーグ戦開幕後、東洋大と亜大から連続で勝ち点を挙げた駒大は、勝ち点二同士で迎えた九月三〇日、一〇月一日の日大戦も一勝一敗のタイ（三回戦は雨で順延）で首位をキープ。勢いに乗る駒大に対し、エース・会田で初戦を落とした中大の不利は否めなかった。

亀井と同じくオープン戦の本塁打で一年春からレギュラーに抜擢されたOB・尾上旭さん

翌一〇月八日、筆者は雑誌のドラフト一位特集で、一九八一年の中日一位・尾上旭《おのうえあきら》さん（銚子商、中日、近鉄）を取材するため、銚子市の広島風お好み焼き店「おのうえ」を訪問していた。

中大の一年先輩にあたる尾上さんは、「東都スポーツ」創刊時にリーグを代表するスター選手だったので、当時から面識があった。ドラフト会議で中日に指名された日も、大勢の報道陣でにぎわう練馬の中大グラウンドにお邪魔して、創刊されたばかりの「東都スポーツ」の表紙にサインしてもらった。「後輩たちのためにも長く続けてほしい」と尾上さんは励ましてくれた。

近鉄在籍最終年に「東都スポーツ」が「OB訪問」という企画で取材したときも、「まだやってたんですか」と懐かしそうに応じていた話が一九九一年春季リーグ展望号で紹介されている。

現役引退後も、筆者は取材で銚子に足を運ぶ機会が何度かあり、この日も取材がてら、大学時代

尾上さんが中日にドラフト1位で指名された日の直筆サイン入り「東都スポーツ」

の思い出話に花が咲いた。

尾上さんは一年春の開幕前のオープン戦、大昭和製紙戦で、味方打線が杉本正（御殿場西、西武、中日、ダイエー）の前に三振の山を築き、完璧に抑えられていたときに、チーム初安打となる本塁打を放ったことがきっかけで、入学早々レギュラーに抜擢されたという。オープン戦で本塁打を打ち、一年春からレギュラーになったのは、くしくも亀井と共通していた。

取材後、神宮球場のテレフォンサービスで駒大二回戦の経過を確認したところ、第一試合の青学大対亜大戦は行われたのに、第二試合は雨天中止になっていた。銚子も土砂降りなので、都内も午後から雨が強くなったようだ。

「今日の試合は中止になりました」と尾上さんに伝えると、「まだ優勝の可能性が残っているから、頑張ってほしいね」という話になり、「そのときは、ぜひ神宮でご一緒しましょう」と約束して帰京の途についた。

この日は金曜。土日は東京六大学の試合が行われるため、駒大戦は未消化カードとして翌週以降に順延された。あとから思えば、一回戦で完封負けしてムードが悪くなりかけたタイミングで、好調の駒大との試合が先送りされたのは、大きなターニングポイントになった。

混沌とする優勝戦線にギリギリで踏みとどまる

翌週の亜大戦、中大は一〇月一三日の一回戦で三回一死二、三塁、松田宣浩（中京、ソフトバンク、巨人）の三ゴロ悪送球で得た幸運な二点を会田が六安打完封で守り切り、二対〇で先勝する。

翌一四日の二回戦も、三回途中からリリーフした政木洋（華陵）が六回三分の一を二安打一一奪三振無失点の快投。二点リードの八回には亀井のダメ押し二ランも飛び出し、七対三と連勝で二つ目の勝ち点を挙げた。

開幕の青学大戦では制球を乱し、一イニング三失点と自滅した政木だったが、「肘の故障も良くなったので、高校時代に使っていたチェンジアップをやってみたら、ストライクが取れるようになった」と、この日のロングリリーフ成功で自信を深め、会田との両輪を確立した。

これに対し、駒大も一〇月二一日、未消化で順延された日大三回戦で、服部が八五球、被安打三の〝マダックス〟完封劇（五対〇）を演じ、七勝二敗、勝ち点三で単独首位に。

春は腰痛で出遅れた服部は、チームが最下位になったことに責任を感じ、大学ラストシーズンでの雪辱に燃えていた。開幕の東洋大戦、一〇月一日の日大戦、同七日の中大戦に続くシーズン四度目、三試合連続の完封を達成したヒーローは「味方が完封させてくれた」と無失策でもり立てたバックに感謝の言葉を贈った。

この駒大を七勝四敗、勝ち点三の日大、四勝三敗、勝ち点二の中大が追い、優勝争いは三校に絞られた。

そして、一〇月二八日の第八週、駒大は青学大、中大はV戦線生き残りをかけて日大と対戦した。

駒大が青学大に連勝して四つ目の勝ち点を挙げれば、優勝はほぼ確実になるところだったが、打線に元気がなく、二対三、二対四とまさかの連敗。優勝争いも混沌としてきた。

一方、中大は、亀井が亜大二回戦で二塁打を放った際に送球が脇腹に当たり、右脇腹を亀裂骨折するアクシデントに見舞われながらも、強行出場。執念のバント安打三本を決めて、エース・那須野を肘の違和感と風邪による体調不良で欠く日大に五対三で先勝した。

だが、翌二九日は、日大を上回る九安打を放ちながら、一三残塁の拙攻で一対二と敗れ、もう一敗もできなくなった。

開幕以来、雨天順延が相次いで日程調整も苦しくなり、日大との三回戦は、一一月二日に神宮第二球場で行われることになった（神宮は一〇月三〇日から早慶戦、一一月二日から六大学新人戦）。

日大は体調不良で一、二回戦のベンチから外れた那須野が「（大学）最後なので投げたかった」と志願の先発も、本調子にはほど遠く、初回、四球と犠打で一死二塁のピンチを招くと、新田玄気（高松商、ヤクルト）に先制タイムリーを献上。さらに亀井にも一発を浴び、無念の降板となった。

試合開始早々二点の援護をもらった会田は、四回にこれまで無失策だったショート・梶岡千晃（習志野　通算一三一勝の阪神のエース・梶岡忠義＝成器商、専大＝の孫）のタイムリーエラーで一点を失ったが、八回一死二、三塁、その梶岡が自らのミスを挽回する犠飛で三点目をもたらし、勝負あったかに思われた。

だが、春の覇者・日大も土壇場で意地を見せる。二点ビハインドで敗色濃厚の九回、四番・伊藤篤志（拓大紅陵）が起死回生の右越え二ランを放ち、試合を振り出しに戻した。

ここで中大は会田から政木にスイッチ。リズムに乗れず、一死満塁のピンチを招くが、捕手・新田が「しっかり腕を振れ！」と檄を飛ばすと、政木は後続二者を連続三振に打ち取り、試合は三対三のまま延長戦へ。

そして一一回裏、中大は一年生の一番・村田和哉（市船橋、日本ハム）が二塁打で出塁し、二死二塁で三番・新田の打球は一、二塁間へ。セカンド・池田将之（静岡）が飛びついて止めたが、直後、はじいて内野安打になる間に、二塁から村田が五〇メートル五秒七の俊足を飛ばしてサヨナラのホームイン。中大が二勝一敗で三つ目の勝ち点を挙げ、駒大と優勝をかけて激突することになった。

絶対に負けられない試合を連勝してV王手へと流れを引き寄せる

ともに勝ち点三ながら、一回戦で駒大に敗れている中大は、優勝するためには連勝しかない。しかも、駒大戦は、日大三回戦で延長一一回を戦った二日後の一一月四日に六大学の新人戦終了後の午後六時試合開始、一勝一敗のタイに持ち込んだ場合は、翌五日の午後一時試合開始という強行日程。青学大戦から中五日で休養十分の駒大のほうが、条件的に有利だった。

一一月四日、筆者は神宮の一塁側スタンドにいた。二五年前、亜大に連勝して優勝したときは観戦していなかったので、リーグ戦で母校の優勝がかかった試合を見るのは初めてだった。ナイター観戦もほとんど記憶にない。

煌々と灯るカクテル光線の下、中大・会田、駒大・服部の先発で始まった試合は、二回、駒大が四番・平田の右前安打と犠打で一死二塁のチャンスをつくり、新井良太（広陵、中日、阪神）の一ゴロエラーの間に一点を先制した。

ミスで先制点を許して悪くなりかけたムードをその裏、亀井のバットが吹き払う。

史上一〇人目の大学通算一〇〇安打まであと「一」と迫っていた亀井は「セーフティバントも考えたけど、一〇〇本目がそれじゃあ、ちょっと……」と思い直し、服部の初球、低めスライダーをフルスイング。右越えに同点アーチを放った。

記念すべき一〇〇安打目を本塁打で飾った亀井は「入学したときは、一〇〇安打を達成できるなんて、思ってもいなかった」と感慨深げだった。

その後は会田、服部の息詰まる投手戦が続くが、一対一の六回に試合が動く。

中大は新田の安打を足場に二死一、二塁としたあと、五番・福元淳史《あつし》（市船橋、巨人、ソフトバンク）が左前安打。二塁から強引に本塁を狙った新田は、三本間に挟まれたが、本塁カバーの服部が落球したのに乗じ、勝ち越しの生還。まさに勝利の女神があと押ししてくれたような二点目だった。

中一日で登板の会田は、切れの良い直球を低めに集め、再三得点圏に走者を背負いながらも、「気持ちが入ってました」と丁寧にコーナーを突いて、後続を断った。

だが、二対一の九回に最大のピンチが待っていた。

二死一、二塁で、宮川裕行（丹原）に中前安打を許し、二塁走者・平田が本塁を狙う。さらに外野からの返球がワンバウンドになり、新田が後逸。土壇場で同点と思われたが、会田が「打たれたとき、あっと思って、本塁カバーが遅れた」ことが幸いする。カバーに向かい、新田から送球を受けると、絶妙のタイミングでオーバーランして戻ってくる平田に飛びつくようにしてタッチ。同点危機から一転試合終了となった。

幸運な逃げ切り勝利で一勝一敗のタイ。

「ここまで来たら、何とかしないといけないですね」と翌日の三回戦での必勝を期した主将の亀井は、八王子市の合宿所に戻ったあと、チームメイトたちと近くの焼肉店で食事しながら、「明日は清水（達也）監督にウイニングボールをプレゼントしよう」と誓い合った。

一方、時の利を得られず、一点差で敗れた駒大・太田誠監督は「勝利の女神は微笑んでくれなかった。これも勝負」と悔しさをにじませた。試合後、筆者は偶然球場内の通路で目を赤く充血させた太田監督とすれ違い、内心「えっ！」と驚くとともに、「それほどまでに、今日の一戦に賭けていたのか」と痛感させられた。

勝ち点を挙げれば優勝の駒大は、計算上一敗は許されたが、一勝一敗になったことで、日大三回戦と併せて「絶対負けられない試合」を連勝した中大が流れを引き寄せたのも事実だった。

二五年前、監督として中大を優勝に導いた宮井勝成総監督も試合前、「今日勝てば、ウチが有利になる」とナインを鼓舞していた。

以前、筆者は大相撲の幕下以下の力士から「三連勝後に三連敗した力士より、三連敗後に三連勝した力士のほうが、気持ちに余裕がある」（幕下以下は一五日間で七番取る）という話を聞いた。この日の中大は、まさに後者の力士そのものだった。

二五年、五一季ぶりの優勝を決定づけた最終回の一発

翌一一月五日、神宮の三塁側に陣取った筆者は、母校の優勝を期待してビデオカメラを持参し

ていた。

中大の先発は政木、駒大は前日八回を完投した服部が「今日も投げさせてほしい」と直訴して連投のマウンドに上がった。

中大も当然勝負どころで大黒柱・会田につなぐ作戦だった。清水監督から「行けるところまで行ってくれ」と言われた政木は「立ち上がりをとにかく抑え、三回まで持てば」と意を決し、制球重視の丁寧な投球で三回まで○に抑える。

四回、中大は先頭の新田が二塁打で出塁すると、亀井が手堅く送り、福元の中犠飛で一点を先制。主導権を握る。

政木も六回まで四安打四奪三振の無失点と期待以上の好投を見せ、試合は一対○のまま七回へ。この回から二番手の左腕・中澤雅人（富山商、ヤクルト）が登板したが、先頭の代打・越智政仁（新居浜東）を二ストライクと追い込みながら、ファウルで粘られた末、死球を与えてしまう。これでリズムを崩し、次打者・河泰浩《はてほ》（岡山理大付）にも四球。送りバントで一死二、三塁とピンチを広げたところで、「ピッチャー、会田」が告げられた。この日も先発するつもりだった会田

25年ぶりの優勝を決定的にするホームランを放ち、右手を突き上げる亀井選手

2004年秋優勝決定戦　亀井が値千金の2ラン

2回戦（11月4日）

	1	2	3	4	5	6	7	8	9	
駒大	0	1	0	0	0	0	0	0	0	1
中大	0	1	0	0	0	1	0	0	×	2

●服部―永井英
○会田―新田
本塁打＝亀井（中）

3回戦（11月5日）

	1	2	3	4	5	6	7	8	9	
中大	0	0	0	1	0	0	0	0	2	3
駒大	0	0	0	0	0	0	0	0	0	0

○政木、中澤、会田―新田
●服部―永井英
本塁打＝亀井（中）

は、すでにブルペンで準備を済ませており、マウンドでも落ち着いているように見えた。

最初の打者・坂田篤彦（尽誠学園）の二球目に三塁走者のスタートに気づくと、咄嗟に外角に外し、同点スクイズをファウルで失敗させる。そして、坂田を一邪飛、秦健悟（北陽）を遊ゴロに打ち取り、見事無失点で切り抜けた。

「最後まで安心できなかった」と清水監督も評した最少リードの苦しい試合の勝利を事実上決定づけたのは、亀井だった。一対〇の九回二死、新田が一ゴロエラーで出塁して打席が回ってくると、「最後の打席だし、狙ってやろうと思った」と服部のスライダーをすくい上げた。

手応えは十分。打った瞬間、亀井は本塁打を確信し、両手を高々と掲げた。ライト・平田がフェンス際で懸命に捕球を試みたが、打球はその上を通過し、右翼席中段に突き刺さった。

三試合連続のシーズン五号二ラン。

亀井は三塁を回る際に自軍の応援席に向かって、「やったぜ！」とばかりに右手を突き上げた。ふだんポーカーフェイスのイメージが強い亀井が、これほど喜びを爆発させる姿を見たのは初めてだった。

その裏、駒大最後の攻撃を会田がゼロに抑え、一九七九年春以来、五一季ぶりの優勝が決定。たちまちマウンドの会田を中心に歓喜の輪ができる。ライトから遅れて駆けつけた亀井は「遠いし、疲れて走れなかったんです」と言いながらも、満面に笑みをたたえていた。

この日筆者が撮影した亀井の二ランの動画は、「東都スポーツ」に広告を出してもらうなど、学生時代からお世話になっている亀井ファンの俳優・仲野文梧《ぶんご》さんのたっての希望でユーチューブの登録チャンネル「ｂｕｎｇｏ１０００」に提供し、今でも視聴することができる。

この優勝試合の映像を、前出の尾上さんにもプレゼントしたところ、「亀井のバッティングは本当に素晴らしいね。左打者が左投手を打つときのお手本だね。地元の少年野球チームの子供たちにもこのビデオを見せて教材にしたい」と喜んでいたことも、生前の尾上さん（二〇二一年に他界）の忘れられない思い出のひとつだ。

第三部

ああ、涙の入替戦・奇跡の優勝

天国と地獄がかかった名勝負

⑩ 一九五八年秋・三つ巴の優勝決定戦

学習院大学、皇太子殿下も応援席に駆けつけた初優勝のシーズン

エースの〝血染めの投球〟で入替戦に勝利し、何とか一部に残留

上位三校が勝ち点、勝率ともに並び、史上初の巴戦による優勝決定戦となるも、二度にわたるプレーオフでも決着がつかず、冬の足音が聞こえはじめた一一月下旬の三度目のプレーオフでようやく決着。

そんな大学野球史に残る大熱戦を経て、奇跡の初優勝を成し遂げたのが、一九五八年秋の学習院大だ。

一八八九（明治二二）年に結成されたクラブチームをルーツとし、横浜の外国人クラブと試合を行うなど、長い歴史を持つ同校野球部は、新制大学発足後の一九五〇年に東都大学野球連盟二部リーグに加盟し、秋からリーグ戦に参加。エース・永田芳彦（学習院）の活躍で、勝ち点六、二位の好成績を収めた。

さらに翌五一年は春秋連続優勝。

いずれも入替戦で国学大に敗れたが、永田と一年生・草刈廣（学習院　一九九四年秋から九八年まで学習院大監督）のダブルエースを確立した五二年春、入替戦で国学大を連勝で下し、加盟三年目で一部初昇格を実現した。

その後も大洋ホエールズの初代監督を務めた渡辺大陸監督（神戸二中、明大）時代の一九五五年秋、早実、早大などでプレーした島津雅男監督就任後の五七年春に三位になるなど、一部でも健闘したが、五八年春は三勝九敗一分、勝ち点一の最下位に。

入替戦では、二部降格後、一シーズンでの一部復帰に執念を燃やす芝浦工大に大苦戦した。一回戦は六回まで二対〇とリードしながら、七回に四点を失って逆転負け。二回戦は三対一で一勝一敗のタイに戻したものの、三回戦は延長一一回、〇対〇で時間切れ引き分けとなった。終盤は芝工大が押しに押し、主将の遊撃手・田辺隆二（学習院　紀伊国屋書店の創業者・田辺茂一の次男。二〇〇三年秋から一一年まで学習院大監督）は「本当に引き分けに救われたようなもので、いつ負けるか、いつ負けるかというような試合だったんです」と回想している。

さらに四回戦も、三回まで二対五の劣勢だったが、四、五回に一点ずつを返し、七回に一挙三得点で逆転。

エース・根立光夫（本郷）が二回にスライディングで二点目の生還をはたした際に親指の爪を

剝がしながらも、〝血染めの投球〟で七回途中までマウンドを死守し、井元俊秀《いのもと》（ＰＬ学園）との継投で八対六と辛くも逃げ切り。四日間にわたる死闘で、まさに九死に一生を得て、一部残留を決めた。

もし、この入替戦で敗れていたら、秋の栄冠もなかった。

四戦全勝の首位・日大に連勝、新聞の見出しに「番狂わせ」の文字が躍る

秋のリーグ戦は、春の覇者・中大、二位・駒大と、投打のバランスが良い専大が優勝候補に挙げられ、投手力にやや不安を抱えつつも、好打者を揃えた日大が追う展開。

学習院は長身の本格派・根立、制球抜群の下手投げ・井元のエース二枚看板が安定していたが、主軸打者の不振が不安材料とされていた。

その不安は的中し、開幕カードの中大戦で連敗。

二カード目の専大戦も、一回戦で井元が完封勝利を収めたものの、二、三回戦と連敗し、早くも優勝圏外に脱落したかに見えた。四敗中三敗までが完封負け、五試合で六得点と打線が投手陣を援護できなかった。

「とにかく最下位だけにはなりたくない」と入替戦回避が当初の目標だった学習院にとって、次の相手・東農大は、春は二試合とも一点差の惜敗で実力は互角。何としても勝ち点を挙げたいと

ころだった。

一回戦を延長一〇回、相手捕手のボーク（敬遠時に捕手がボックスから足を出していた）により、二対一のサヨナラ勝ちで先勝すると、二回戦も井元が一対〇と完封して待望の初勝ち点。この連勝でチームも上昇気流に乗りはじめる。

四カード目の相手・日大は、東農大と中大に連勝し、四戦全勝で単独首位に立ったが、学習院戦を前に〝東都のステンゲル〟と呼ばれた名将・香椎瑞穂《かしいみずほ》監督（その後、日大桜丘監督として、〝ジャンボ〟仲根正広＝近鉄、中日＝投手を擁して一九七二年のセンバツで優勝）が持病の喘息を悪化させて緊急入院。代理監督を立てる時間もないまま、主将の捕手・日置良一（中京商　一九五四年夏の甲子園優勝メンバー）が上級生と合議制で指揮をとることになった。

こうしたベンチ事情が影響してか、一〇月九日の学習院一回戦は、初回から毎回のように走者を出すが、井元に要所を締められ、得点できない。

先手を取ったのは、学習院だった。〇対〇の五回、二死から井元の安打を挟んで二四球で満塁とし、一番・田辺が押し出し四球。さらに代打・酒井喜孝（前橋）がバットを折りながらも遊撃内野安打を放ち、二点を先行した。

一点差に迫られた六回にも、継投ミスに乗じて三連打と敵失で二点を加え、四対一と突き放した。

日大は七回二死一、三塁、小野俊祐（高松）のバント安打で一点を返し、代わった根立からも代打・鈴木英朗（日大三島）が右前安打して一点差に詰め寄ったが、反撃もここまで。投打の歯車がかみ合わないまま、リーグ戦初黒星を喫した。

翌一〇日の二回戦も、学習院ペースで試合が進む。一回に四球と捕逸で二死三塁のチャンスに、江野沢浩市（前橋）が宮田征典《ゆきのり》（前橋、巨人）から先制の右前タイムリー。六回にも代打・酒井の三塁線安打を足場にチャンスを広げ、北田次平（学習院）のスクイズで二点目を挙げる。六回まで二安打ながら、いずれも得点に結びつけるソツのなさが光った。投手も根立、井元のリレーで二対一と逃げ切り、連勝で二つ目の勝ち点。翌日の新聞には「番狂わせ」の文字が躍った。

日大は翌週の駒大戦でも一勝二敗で勝ち点を落とし、優勝争いは混沌。第六週終了時点で、六勝三敗、勝ち点三の専大が首位、七勝五敗、勝ち点三の駒大が二位、さらに中大、日大、学習院の三校が五勝四敗、勝ち点二の三位で並んでいた。

悲願の初優勝を担った三連投の駒大エースを打ち崩す

そして、第七週の一〇月二九日、学習院は最終カードの駒大戦を迎える。駒大は勝ち点を挙げれば、悲願の初優勝に大きく前進するとあって、必勝を期してエース左腕・橋本時男（浜松西）を立ててきた。

試合が動いたのは二回。学習院は佐藤太美雄（学習院）の中前安打、酒井の遊撃左への安打で二死一、二塁としたあと、松田角二（門司東）がライト前に飛球を打ち上げた。これを右翼手が目測を誤り、幸運な先制タイムリー二塁打となる。

駒大も三回まで走者をバントで進める手堅い作戦で得点につなげようとしたが、先発・井元が踏ん張って後続を断つ。

七回二死満塁のピンチも、リリーフ・根立が牧田秀一（伊那北）を初球打ちの二ゴロに打ち取り、一対〇で試合終了。駒大は九安打を放ちながら、一一残塁とあと一打が出なかった。

翌三〇日の二回戦は、学習院の先発・根立が外角低めのカーブを有効に使い、七回まで被安打一の無失点。

一方、駒大・橋本も譲らず、七回を終わって〇対〇。だが、駒大は根立の球威がやや落ちてきた八回にチャンスをつくる。

二死から連打で一、二塁とし、牧田も三遊間を抜くが、二塁走者が三塁を回る際に酒井と接触、本塁寸前でタッチアウトになった。

このプレーに対し、駒大側が抗議した結果、走塁妨害があったとして、得点が認められた。学習院は不運な一点に泣き、一勝一敗のタイになった。

そして、一〇月三一日の三回戦、第一試合で首位・専大が日大に一対三で敗れ、勝ち点を落としたことから、駒大だけではなく、学習院にも状況次第では優勝の可能性が出てきた。

学習院は中一日の井元が先発。駒大は絶対エースの橋本にすべてを託した。三連投の橋本は、コーナーワークをうまく使い、三回まで三人ずつで打ち取ったが、さすがに疲労の色は隠せず、四回につかまる。

この回、学習院は先頭の田辺が中越え三塁打で出ると、一死後、北田のスクイズで先制。五回にも死球と代打・大平保朗（門司東）の安打、代走・川島広行（都青山）の二盗で二死二、三塁とし、井元の三遊間タイムリーで二点を追加した。

こうなれば学習院ペース。六回には北田、江野沢の連続二塁打、七回にも二四球を絡めて小川三郎（大森）、北田の連続タイムリーで二点をダメ押し。井元が駒大打線を三安打一四球に抑え、六対〇でシーズン三度目の完封勝利を挙げた。

投打がかみ合い、三つ目の勝ち点を手にした島津監督は「久々に打てた。それと井元がよく投げた。春は一点差で負けた試合が多かったが、秋は逆に一点差で勝てるようになっただけ進歩したのかな」と顔をほころばせたが、この時点では、優勝はまだ現実味を帯びていなかった。

一方、駒大は太田誠（浜松西、後に駒大監督）が打率三割四分六厘で二度目の首位打者を獲得しながら、無念のV逸。「学習院には勝てるぞ、という意識が逆にプレッシャーを生んだ気がしますね」と振り返っている。

最終週に首位・専大もまさかの連敗でリーグ史上初の三校総当たりプレーオフへ

一一月六日に最終週を迎えたリーグ戦は、専大が一回戦で中大を延長一〇回、堀込基明（小諸商、南海、中日）のサヨナラ本塁打で二対一と下し、二季ぶり二四度目の優勝に王手をかけた。状況的にも専大の優勝が濃厚と思われた。

ところが、翌七日の二回戦、専大は二勝一敗でも優勝を決められるのに、前日一〇回を完投したばかりの下手投げエース・坂井勝二（田川中央、大毎、大洋、日本ハム）が先発。前日のサヨナラ勝ちの勢いで一気に決めようとしたが、中大・若生照元（東北、大洋）と投手戦になり、皮肉にも二日連続の延長戦へ。

一三回、本田威志《たけし》（岡崎、大洋、中日）のサヨナラ打で中大が二対一と勝利し、三回戦へ。専大は坂井を二日間延長戦で消耗させたことにより、苦しくなった。

もし、三回戦で中大が勝てば、中大、日大、学習院の三校が七勝五敗、勝ち点三の同率で並び、史上初の三校によるプレーオフが実現する。

これまで東都は専大、中大、日大の三強以外で単独優勝したチームはなく（昭和六年秋に国学大が日大と同率一位で優勝預かり）、学習院にとって、初めてめぐってきたビッグチャンスだった。

そして、一一月八日の三回戦、勝てば優勝、負ければ五位転落の専大は、最後まで主導権を握れないまま中大に一対二で敗れ、ついに三校総当たりの優勝決定戦が実現した。

勝てば初優勝決定の中大戦に皇太子殿下が応援に駆けつけるも……

学習院ナインは、実力で上回る日大と中大を相手にベストを尽くして戦うことを目標に、「とにかく、優勝決定戦らしい、いい試合をやろうじゃないか」（田辺主将）と心をひとつにして大一番に臨んだ。

一一月一二日から始まったプレーオフは、第一戦で中大が一〇対四で日大に大勝。春秋連覇まで「あと一勝」となった。日大は香椎監督の不在に加え、全日程終了後、四年生がいったん練習から離れていたため、〝戦う集団〟として一枚岩になり切れなかった部分もあった。

翌一三日の第二戦、学習院はその日大と対戦した。一回に一点を先制されるも、五回に死球と三塁手のファンブルで二死一、三塁、田辺の右前タイムリーで追いついた。

だが、一対一の九回、井元が安打と野選、エラーで無死満塁のピンチを招く。ここで根立がリリーフ、二つの内野ゴロで二死まで漕ぎつけたが、次打者への二球目が痛恨の暴投となり、一対二で敗れた。翌日の中大戦に敗れれば、大きな夢も幻と消える。

翌一四日、「必勝」を合言葉に中大戦に臨んだ学習院だったが、先発・根立の調子がいまひとつ。三回に一死満塁のピンチを招くなど、前半から押され気味ながら、相手の雑な攻撃に助けられ、六回までゼロに抑える。

だが、勝てば優勝決定の中大は、〇対〇の七回、西岡堆二（泉陽）の左翼線二塁打などで一死満塁とし、代わった井元からも太田勝（豊川、大洋、中日）が右前タイムリーを放ち、一点を先制する。

八回にも本田の右越え三塁打で二死三塁、赤岡新三（甲府一）の三ゴロを穴沢健（広尾）が一塁悪送球する間に二対〇。これで勝負あったかに思われた。

しかし、その裏、学習院も執念の粘りを見せる。先頭の穴沢が右前安打で出ると、一死一塁から代打・酒井が右中間を破る三塁打を放ち、まず一点。さらに一死一、三塁で、田辺が小栗英夫（熊本）から〝技あり〟の同点スクイズを決めた。

終盤の同点劇で一気に流れを引き寄せた学習院は、九回にも先頭の江野沢が左翼線二塁打を放ち、二死後、穴沢が右前に名誉挽回のサヨナラ打。

負け試合を全員野球でひっくり返した試合後、島津監督は「拙いプレーが多過ぎた」と反省しながらも、「今日は初めから何だかいいゲームがやれそうな気がしていた」とチームの状態が上向きであることを示唆した。

この結果、三校ともに一勝一敗となり、一一月一九日から二度目のプレーオフに突入した。

初日に登場した学習院の相手は、香椎監督が復帰した日大だった。

一回に守備の乱れから一点を先行され、三回まで竹中惇《あつし》（一宮、中日）に無得点に抑えられたが、四回一死、佐藤太が三遊間、穴沢が右前に連打して、反撃の狼煙を上げる。佐藤太は三塁でタッチアウトになったが、次打者・小川があわやホームランという左越え二塁打を放ち、追いついた。

七回まで四安打二四球と好投した根立を八回から井元がリリーフ。日大も小刻みな投手リレーで対抗し、一対一のまま最終回を迎えた。

九回表、日大は二死から連打が飛び出したが、二塁で一度止まった走者が三塁を狙ってアウトになり、得点ならず。この日は三回に重盗失敗、六回二死二塁、七回無死二塁と、ことごとくチャンスをつぶし、病院から直行してきた香椎監督も「久しぶりにベンチに入ったが、練習を見ていないので、やりづらかった」と困惑の態だった。

その裏、ピンチのあとにチャンスあり。学習院は先頭の佐藤太が右中間三塁打で〝サヨナラフラグ〟を立てると、打撃好調の穴沢が日大の四番手・木村正一（花園）の外角球を右前に運び、二対一で決着。初優勝に大きく前進した。

翌二〇日のプレーオフ第二戦は、日大が前日の鬱憤を晴らすかのように、重盗、エンドラン、スクイズなど機動力を駆使して、中大に六対一と完勝。

翌二一日の第三戦で、学習院が中大を下せば、悲願の初優勝が決まる。

学習院・根立、中大・若生の両先発で始まった試合は、初回、学習院が早くも先手を取る。先頭の田辺が中前安打で出塁し、一死後、北田の右中間二塁打で一点を挙げた。

「一点取って逃げ込む以外にない」という島津監督の作戦どおり、根立は丁寧に低めを突き、五回までパーフェクトと付け入る隙を与えない。

さらに五回表の学習院攻撃中の一四時一〇分には、一塁側応援席に、皇太子・明仁親王（今の上皇）が弟・義宮（後の常陸宮）、妹・清宮（後の島津貴子さん）とともに来場された。

思いもよらぬ〝サプライズ〟に、新聞社のカメラマンたちが試合そっちのけでレンズを向け、一斉にフラッシュを焚くと、〝ストロボの嵐〟に観戦を妨げられた観客の一人が「もういいでしょ。また明日」とユーモアまじりに声をかけるひと幕も。スタンドは笑いの渦に包まれ、皇太子も隣の清宮と顔を見合わせて笑った。

だが、試合は六回に暗転する。

一点を追う中大は、若生が中前安打、西岡の送りバントも内野安打となり、一死一、二塁。ここで、島津監督は井元をリリーフに送ったが、結果的に早めの継投が明暗を分けた。

肩が十分にできていなかった井元は、次打者・鈴木浩吉（小金井工）に死球を与え、満塁とピンチを広げたあと、太田に右前タイムリー、桑田武（荏原、大洋、巨人、ヤクルト）に右犠飛を打たれ、逆転を許してしまう。さらに打者・本田のとき、捕手・小幡隆一（学習院）がボールをそらし、三点目を献上した。

学習院は八回、田辺の二塁打を足場に、小幡、北田の連打で一点を返し、佐藤太四球で二死満塁と必死に反撃も、穴沢が若生の直球に振り遅れて投飛。一点差で惜敗し、またしても三校が一勝一敗で並んだ。

「優勝預かり」になりかかるも、「もう一度だけ」と懇願し三度目の巴戦へ

すでに一一月下旬に差しかかろうとしており、冬の到来も間近。神宮球場も使用できなくなるとあって、連盟は三校同率で「優勝預かり」を提案した。

戦前に優勝預かりや三校一位を経験している中大、日大は了承したが、初優勝の絶好の機会を前にした学習院は「もう一度だけ」と続行を強く要望。

島津監督も「選手たちが今日まで頑張ってきたのだから、決着をつけたい」と主張し、駒沢球場で三度目のプレーオフが行われることになった。

二度のプレーオフで、中大、日大と互角以上に戦った経験から、学習院ナインは、自分たちが本当に優勝決定戦に出場できるだけの実力を持っていることを実感していた。

一九九四年まで指揮をとった島津監督も後年、「東都スポーツ」の取材に対し、一点差の緊迫した試合が続く中で、「選手たちが一戦ごとに成長していく姿が、何よりもうれしかった」と回想している。

一一月二三日の第一戦、日大と対戦した学習院は、二回に江野沢が左翼線に流し打ちの二塁打を放ったあと、高橋努（高崎）の暴投で三進。次打者・穴沢が高橋の足元を抜いて一点を先制す

ると、送りバントと三盗で二死三塁とし、代わった池田亘男（宇都宮工）の打者・井元への三球目、三塁から穴沢がフェイントのスタートを切る。直後、意表をつかれて思わずモーションを止めた池田がボークを取られ、二点目が入った。

序盤で主導権を握った学習院は五回にも二死から田辺の二塁打と小幡の二塁内野安打で一、三塁とし、北田の右中間二塁打で四対〇と差を広げた。

五回まで井元に二安打に抑えられていた日大は、六回に会田豊彦（山形南、中日）の安打を足場に犠飛で一点を返し、九回にも三長短打と犠飛で一点差に迫ったが、三点目のタイムリーを右翼線に放った打者走者・笹木士郎（弘前）が二塁をオーバーランしてタッチアウトになり、一瞬にしてゲームセット。学習院が再び優勝に王手をかけた。

『神宮の奇跡』（門田隆将著）によれば、ショート・田辺が咄嗟にまだ外野からボールが返ってきていないようなそぶりを見せ、三塁を狙わせるよう仕向けた巧みな頭脳プレーだったという。一点差で逃げ切れるかどうかの瀬戸際で、こんな値千金のプレーが演じられるほど、学習院ナインは気力が充実していた。

翌二四日の中大戦も、二回に根立の右中間タイムリーで先手を取ると、五回にも田辺の三塁打と小幡が右犠飛で加点。さらに北田、佐藤太の連打で一死一、二塁、江野沢が若生の内角高めを右翼席に叩き込み、試合を決めた。

根立の緩急自在の投球の前に六回までわずか二安打の中大は、七回に桑田の右中間フェンス直

1958年秋・3校による3度のプレーオフで学習院大初優勝

11月12日

	1	2	3	4	5	6	7	8	9	
日大	1	0	0	0	0	3	0	0	0	4
中大	3	2	0	5	0	0	0	0	×	10

●池田、竹中、木村正、小林—日置
○小栗—西山

11月13日

	1	2	3	4	5	6	7	8	9	
日大	1	0	0	0	0	0	0	0	1	2
学習大	0	0	0	0	1	0	0	0	0	1

竹中、○池田—日置
●井元、根立—小幡

11月14日

	1	2	3	4	5	6	7	8	9	
中大	0	0	0	0	0	0	1	1	0	2
学習大	0	0	0	0	0	0	0	2	1×	3

若生、●小栗—西山
根立、○井元—小幡

11月19日

	1	2	3	4	5	6	7	8	9	
日大	1	0	0	0	0	0	0	0	0	1
学習大	0	0	0	1	0	0	0	0	1×	2

竹中、池田、小林、●木村正—日置
根立、○井元—小幡

11月20日

	1	2	3	4	5	6	7	8	9	
日大	0	0	0	0	2	4	0	0	0	6
中大	0	0	1	0	0	0	0	0	×	1

高橋、○池田―日置
●小栗、若生、石田―西山

11月21日

	1	2	3	4	5	6	7	8	9	
学習大	1	0	0	0	0	0	0	1	0	2
中大	0	0	0	0	0	3	0	0	×	3

●根立。井元―小幡
○若生―西山、丸山

11月23日

	1	2	3	4	5	6	7	8	9	
学習大	0	2	0	0	2	0	0	0	0	4
日大	0	0	0	0	0	1	0	0	2	3

○井元―小幡
●高橋、池田、木村正、竹中―日置

11月24日

	1	2	3	4	5	6	7	8	9	
学習大	0	1	0	0	4	0	0	0	0	5
中大	0	0	0	0	0	0	2	0	0	2

○根立―小幡
●若生、小栗―西山
本塁打＝江野沢（学）

撃の二塁打などで二点を返したが、なおも一死一、二塁のチャンスを走塁死などでつぶし、追い上げならず。

九回二死二塁、根立が最後の打者・西山弘二（土佐、広島）を中飛に打ち取った瞬間、学習院の〝奇跡の優勝〟が実現した。MVPは田辺、最優秀投手は井元が選ばれた。

華やかな応援風景は今も変わらず

そして、歓喜の提灯行列から三日後の一一月二七日、あたかも野球部の快挙が前祝いだったかのように、皇太子と正田美智子さん（今の上皇后）のご婚約が発表され、日本中が〝ミッチー・ブーム〟で沸き返ることになる。

あれから六〇年余り、現在は三部リーグで帝京平成大や大正大と優勝争いを演じている学習院だが、応援は一部のチームと遜色ないほど華やかで、大学関係者の関心の高さを示している。

⑪ 一九七〇年春・リーグ戦

芝浦工業大学、〝奇跡の優勝〟はＮＨＫの特集番組になった

学生運動のあおりを受け、二度目の優勝直後から部が衰退

学園紛争の影響で運動部の推薦制度が廃止され、新人部員がほとんど入ってこない逆境のなか、リーグ戦開幕前は最下位予想だったにもかかわらず、マネージャーも含めて全部員二六人の力を結集して、〝奇跡の優勝〟を成し遂げたのが、一九七〇年春の芝浦工業大学だ。

一九二九年（昭和四）の東京高等工商学校時代に野球部が創部された同校は、一九四九年の学制改革で新制大学として芝浦工業大学が創設されると、五一年に東都大学野球連盟に加盟。春季リーグで三部からスタートした。

五二年秋に二部リーグで初優勝。以来、八シーズンで五度優勝したが、入替戦で駒大に三度敗れるなど、一部の壁は厚かった。

そこで一九五七年、西日本パイレーツ、西鉄ライオンズの強打者として活躍した田部輝男（広

陵中、立大）を新監督に迎え、チーム強化に乗り出すと、同年春の入替戦で東農大を二勝一敗で下し、一部初昇格をはたした。

秋は入替戦で学習院大に敗れ、一シーズンで二部にUターンも、翌五九年春に再昇格してから一部に定着。六一年秋には学生野球記録の二五試合連続安打を樹立した岩下光一（宮崎大淀、東映）らの活躍で初優勝を実現した。

その後も切通《きりとおし》猛（姫路南、阪急、阪神）、片岡旭《あきら》（＝新之介　倉敷工、西鉄、阪神、阪急）、大倉英貴（広島商、阪神）、〝イチローの育ての親〟として知られる河村健一郎（山口桜ヶ丘、阪急）らのプロ野球選手を輩出し、六二年以降も二位二回、三位三回と健闘した。

だが、秋に二度目のリーグVを飾った一九六八年、学生運動によって、授業料や寮費が免除される運動部が全共闘のやり玉に挙げられたことがきっかけで、推薦入学制度が廃止されてしまう。

芝工大は翌六九年、野球部に入部を希望する高校生三〇人が一般受験に挑んだが、〝狭き門〟を通過した者はわずか一人。その一年生部員もすぐにいなくなった。

一九七〇年も一二人の野球経験者が受験したが、合格者は前年と同じ一人だけ。その後、入学式で新入生に入部を呼びかけるなどして、もう一人野球経験者が入部したものの、全部員はマネージャーも含めてやっと二八人というありさま（新入生二人もその後退部し、再び二六人に。二年間部員ゼロとなった）。

新谷忠義監督も「来年は現在のままでも一六人いるが、その次の年はどうなることやら」と部の存続を心配するほどだった。

リーグ創設以来の名門・日大に初めて二部降格を味わわせた伊原の公式戦初本塁打

そんな苦境の真っただ中で主将に就任したのが、後に名三塁コーチとして西武の黄金時代に貢献し、西武、オリックスの監督を歴任した伊原春植《しゅんしょく》（＝春樹　北川工、西鉄、巨人、西武）だった。

一九六四年、広島県の私立北川工（現府中東）に入学した伊原は、一年夏にベンチ入りメンバーに選ばれたが、県大会直前に、翌年のドラフト制導入のきっかけとなったエース・高橋一三《かずみ》（巨人、日本ハム）の巨人、近鉄との二重契約問題が発覚。契約は本人のあずかり知らぬところの〝大人たちの事情〟だったにもかかわらず、チームは県大会出場を辞退することになった。

入学早々の不運に、伊原は中学時代に誘ってくれた三次《みよし》高への転校も考えたが、工業高校から普通科高校への転入は定時制でなければ難しかったことから、やむなく断念。北川工野球部に戻ると、新監督に就任した古葉福生（済々黌、芝工大　広島を球団初Vと三度の日本一に導いた古葉竹《たけ》識《し》監督の弟）に励まされ、新しいグラブをもらった。

そして、この出会いが伊原の野球人生を大きく切り拓く。

高三になった伊原は、最後の夏は県大会準々決勝で広陵に敗れたが、阪神、広島、近鉄のスカウトの訪問を受け、第一次ドラフト（一九六六年は二度開催され、第一次は秋の国体に出場しない高校生と社会人が対象）で阪神が指名するという情報も流れた。

だが、ドラフトではどの球団からも指名されずに終わり、入団テストを受けることも考えたが、芝工大OB・古葉監督の勧めで四年後のプロ入りを目指し、六七年春、同大に入学した。

セレクションを受けたときに一部だった芝工大は、前年秋の入替戦で東洋大に敗れたため、入学時は二部だった。

「われわれが戦う場は神宮第二球場や東農大のグラウンド。神宮球場で野球ができないことで、一部との格差を実感するのだった。新聞にも記事が掲載されることはなく、二部は結果しか載らない。いま、私の頭に強烈に焼き付いているのは、神宮第二のバックネット裏席最上段から眺める神宮球場の景色だ。一部の学校が試合をしている姿を目にし、悔しさを噛みしめながら、早く一部に昇格したいという思いが抑えきれなくなるのだった」（週刊ベースボール別冊青葉号・東都大学野球2012展望号）

そんな苦境のなか、出場機会のないまま春秋のリーグ戦を終えた伊原だったが、秋の入替戦を前に、正三塁手が指を骨折したことから、代役として日大との入替戦で公式戦デビューが実現する。

一一月九日の一回戦で先発出場した伊原は、大学初打席となった一打席目で佐藤道郎《みちお》（日大三、南海、大洋）から左越えに先制三ランを放ち、六対〇の勝利に貢献。勢いに乗ったチームは翌一〇日の二回戦も一対〇で逃げ切り、三季ぶりの一部復帰をはたした。

東都リーグ創設以来の名門で優勝一六回の日大が初めて二部に降格したという意味でも、記憶に残る入替戦となった。

芝工大は翌六八年春は二位、秋は池田善吾（博多工）、河村健一郎のバッテリー、灰山公章（横浜）らの活躍で六一年秋以来一四シーズンぶり二度目の優勝を遂げたが、前述の推薦制度廃止により、チームは一転危機的状況を迎える。

食事は自炊、風呂も沸かせず、ユニホームを新調する資金もなかった

大学側から支給されていた年間五〇〇万円の部費が打ち切られ、支給されるのは、学友会からの一〇〇万円弱とあって、ボール代と連盟費を払うと、二〇万円程度しか残らない。寮の食事を作ってくれた賄い婦も雇えなくなった。寮生たちは「どうせなら自分の好きな物を食べたい」と嗜好の合う者同士でグループを作り、八百屋や魚屋に買い出しに行くなどして、自炊した。寮のガスや電気が止められたこともあった。風呂を沸かすこともできず、みんなで銭湯に通った。

神奈川県藤沢市から片道三時間かけて大宮のグラウンドに足を運んでいた監督も、無給のボランティアになると、神宮の試合では指揮をとったが、次第に練習に顔を出さなくなった。

主将の伊原は「自分がみんなをまとめていかなくては」と率先して練習メニューを作るとともに、プロ入りを目標に自分自身の練習にも必死に取り組んだ。

実質、選手兼任監督である。

「ほかの同級生より早めにこういう経験をしたことが、後に指導者を目指す遠因になりました」（自著）『二流選手から一流指導者へ――三塁コーチの視点――誰も書かなかった「勝利の方程式」』）

一九七〇年春のリーグ戦を前に、ビジター用のグレーのユニホームがボロボロになっていたにもかかわらず、部費が足りず、新調することができない。結局、約二〇〇人のＯＢを主体とする後援会から寄付金を募り、ようやく開幕に間に合わせた。

開幕直前のチームの下馬評は芳《かんば》しくなかった。リーグ戦が開幕した四月七日付の毎日新聞の展望記事では、リーグを代表する好投手、杉田久雄（浜松商、東映、南海、広島）、山本和行（広島商、阪神）を擁する中大と亜大の両校が有力視され、芝工大は「学園紛争のあおりで、野球部員は二六人。最下位も当然か」とバッサリ切り捨てられていた。

ところが、いざ蓋を開けてみると、最下位予想の芝工大が〝台風の目〟となって旋風を巻き起こすのだから、野球は本当にわからない。

四月七日の開幕戦、東洋大戦では、エース・前野和博（桐生）が切れの良いシュートと抜群の制球力で、初回からスコアボードにゼロを並べていく。

そして、〇対〇の延長一一回、伊原の中越え二塁打を足場に二死一、三塁のチャンスをつくると、前野が自らこの日三本目の安打となる左前決勝タイムリー。一番・大野保雄（法政二）も中前タイムリーで続き、二対〇で白星スタートを切った。前野は一一回を五安打の無四球完封だった。

翌日の二回戦は二対五で敗れたが、三回戦では前野が五回まで内野安打一本に抑える好投で、四対〇の五安打完封勝利。二勝一敗で勝ち点を挙げた。

次の駒大戦でも、前野は四月二二日の一回戦で一対〇の五安打完封。八回二死二塁のチャンスでは、詰まりながらも右前タイムリーを放ち、東洋大戦に続いて〃投打二刀流〃をアピールした。

翌三〇日の二回戦も初回に道原裕幸（山口桜ヶ丘、広島）、伊原の連続長短打で二点を先制し、五回には大野のランニングホームランで加点。先発・幸谷憲三（崇徳）も制球良く、七回まで二安打に抑えるなど、投打がかみ合って五対二で連勝。中大が駒大、亜大が日大に勝ち点を落とす波乱含みの展開のなか、単独首位に躍り出た。

だが、四月三〇日の三カード目、中大一回戦では、国鉄のストライキの影響で中大の球場到着が遅れ、約四〇分待たされたことが、闘志を空回りさせる。

初回に拙守を連発して一死二、三塁から四番・榊原良行（浜松商、阪神、日本ハム）に中前二点タイムリーを献上。打線も中大のエース・杉田を打ちあぐみ、三回に二塁を踏んだだけで〇対四の無四球完封負け。

七度サインを出したのに六度まで見落としというちぐはぐさに、新谷監督も「完敗です。三安打では手の打ちようがない」とガックリ肩を落とした。

さらに翌五月一日の二回戦も、連投の杉田に四安打完封負けを喫し、三季連続Vを狙う日大に五勝三敗、勝ち点二で並ばれた。

三度にわたる決勝打と連日の快投、〝二刀流〟で奮戦する絶対エース・前野

四カード目の相手は、その日大だった。

五月一四日の一回戦、芝工大は制球が不安定な日大五投手からいずれも四球絡みで効率良く得点。前野も初回に無死満塁のピンチを招くなど、「調子は悪かった」が、拙攻に助けられ、四対一で先勝した。

翌一五日、連勝すれば六勝三敗、勝ち点三で駒大と首位で並ぶ芝工大は、必勝を期して連投した前野が疲労と力みから球威を欠き、二対五で敗れて一勝一敗のタイに。芝工大は二本塁打を記録も、本塁打以外はわずか一安打に抑えられ、投打ともに精彩を欠いた。

この結果、日大とともに六勝四敗、勝ち点二の三位に後退したが、日大から勝ち点を挙げれば、まだ優勝の望みがあった。

五月一九日に順延された三回戦、芝工大は前野、日大は一年生・小山良春（日大一）が先発。

前野は捕手・道原が「（調子は）悪いほうです」と証言したように、立ち上がりから思うような投球ができず、四回に二長短打で一点を先行されたあと、さらに四球と畑野実（日大三、阪急）の安打で一死満塁と苦しくなった。

ここで新谷監督がマウンドに足を運び、「低めを狙っていながら高めに行くのだから」と交代させようとしたが、前野は「（安打を）打たれた球は高めですが、あとはみんな低めに行ってます」と反論し、ベンチに追い返してしまう。そして、次打者の遊ゴロで三塁走者を本封、飛び出した二塁走者もタッチアウトに仕留める併殺プレーで、見事ピンチを切り抜けた。

調子は悪いながらも辛抱の投球を続けるエースに、打線も応える。その裏、伊原が左中間席一直線の同点ソロを放ち、試合を振り出しに戻す。

勝敗の分かれ目となったのは七回だった。小山が先頭打者に四球を与えたところで、「一点取られたら負けと思っていた」日大・河内英真監督は柴田民男（日大三、大洋）をリリーフに送ったが、その代わりばなを森山元義（岩国）が中前安打して無死一、二塁とチャンスが広がる。佐衛田誠（小倉商）が送り、一死二、三塁で前野に打順が回ってきた。

佐衛田の打席中からネクストサークルで素振りを繰り返し、気合十分の前野は、カウント一―〇から柴田の二球目を一振。その執念が乗り移ったかのように、フラフラと上がった打球は、一塁手の頭上を越えると、懸命に前進する右翼手の前にポトリと落ちた。「打ったのはシュート。詰まっていたけど、いいコースに飛んだ」とシーズン三度目の決勝打に気を良くした前野は、七回以降をパーフェクトに抑え、二対一で逃げ切った。

試合後、報道陣の「今日の調子はどうだった？」の質問に、「投げるほうですか？　打つほうですか？」と問い返す一七三センチ右腕の投打にわたる活躍に、伊原も「僕のホームランなんて霞んでしまいますよ。だって、投げるだけでも大したものなのに、決勝打、それも三度目ですからね」と脱帽するばかりだった。

これで七勝四敗の勝ち点三。

自力Vの可能性は消えたが、最終カードの亜大戦で連勝し、首位・駒大が日大に一敗すれば、逆転優勝が決定する。

中一日で迎えた五月二一日の亜大一回戦、芝工大は一回一死二塁、道原が好投手・山本和行の内角直球をとらえ、左中間へ先制のタイムリー二塁打。

五回にも前野の中越え三塁打で一点を加えると、六回には道原、伊原の三、四番の連続アーチで試合を決めた。

前野は球威を欠きながらも、「バックがいいので、打たせて取ることだけを考えて」丁寧に低めを突き、一七個の内野ゴロで四対〇の完封勝ち。「とにかく、まぐれが多過ぎるので、気持ち悪いです（笑）。打つほうは、僕の（打席の）ときになると、急に（打ちごろの）いいボールが来るんですからね」と不思議がっていた。

翌二二日の二回戦も、終始芝工大ペースだった。

1970年春・芝工大が優勝へ望みをつないだ一戦

2回戦（5月22日）

	1	2	3	4	5	6	7	8	9	
亜大	0	0	0	0	0	0	0	0	1	1
芝工大	0	1	2	0	0	0	0	0	×	3

●山本、田村―土取、甲斐
○前野―道原
本塁打＝道原（芝）

二回に敵失に乗じて一点を先制すると、三回二死一塁、道原が山本の初球カーブをすくい上げ、左越えに値千金の二ラン。連投の前野も疲れをものともせず、絶妙の制球力で、亜大打線を翻弄する。九回に疲れから三連打で一点を失ったものの、三対一で逃げ切り、シーズン八勝目を手にした絶対エースは「こうなったら、何としても日大に勝ってもらいたいですね」と、ちゃっかり三日前に戦ったばかりのライバル校にエールを贈っていた。

ＮＨＫのドキュメンタリー番組になった奇跡の優勝劇

そして、五月二七日、芝工大の逆転優勝がかかる駒大対日大一回戦が行われた。

ナインとともに神宮の一塁側に陣取った伊原主将は「まな板の上の鯉。やることだけやった僕たちには、今やることがないんですから。試合をやるより、よっぽど息苦しい気持ち」と日大の勝利を願いながら、熱戦に見入っていた。

だが、四季ぶりの優勝に執念を燃やす駒大は、水中良博（松山商）

のタイムリーと吉田秀雄（修徳）のソロで二点を勝ち越し、五回を終わって、三対一とリード。この試合をモノにすれば、勢いに乗って、連勝で優勝を決める可能性も強くなる。

ところが、日大の劣勢に業を煮やした前野が「日大側へ行ってツキを変えさせてきます」と三塁側に移動すると、ご利益とも言うべき〝サプライズ〟が起きる。

六回二死一塁、中沢邦男（日大日吉）の一塁後方へのテキサス安打が三塁悪送球を誘発して一点差となり、代打・高野美貴男（津久見）の右前タイムリーで三対三の同点。ここから流れは一気に日大へと傾く。

七回に宮本幹雄（日大三）の右中間ソロで勝ち越すと、なおも一死一塁で岡崎芳樹（ＰＬ学園）の三塁線バントが一塁悪送球を呼び、ボールが右翼ブルペンまで転がっていく間に五対三と突き放した。

駒大は九回に山本雄嗣（浜松西）のタイムリーで一点を返し、なおも二四球などで二死満塁と最後の粘りを見せたが、最後の打者が遊ゴロに倒れ、万事休す。この瞬間、芝工大の三季ぶり三度目の優勝が決まった。

「バンザイ！」の声とともに、ナインは伊原主将を囲んで手を握り合い、伊原主将も新谷監督の手を握りしめながら、歓喜の涙を流した。

九回二死満塁の場面で、コーラを飲む手を休め、自分がマウンドで打者に相対しているかのような境地で成り行きを見守っていた前野も「僕など力はありません。やはり振り返ってみると、部員が少ないことが刺激になりました」と全員の力で勝ち取った栄冠であることを強調した。全一三試合中一二試合に登板し、四完封の防御率〇・九五。リーグ四位の打率三割四分二厘という投打にわたる活躍は、文句なしのMVPだった。

〝奇跡の優勝〟は、NHKのドキュメンタリー番組でも取り上げられ、寮での自炊生活から優勝するまでの苦難の道のりが紹介された。

現在は四部リーグの芝工大だが、二〇二五年からOBで元大昭和製紙監督の浜井須丈《ひろたけ》監督（崇徳）が就任した。

⑫ 一九八四年春・入替戦《青学大対中大》

青山学院大学、野球部の歴史を変えた一本のホームラン

拓大の不祥事辞退により五校でのリーグ戦となった二部を大接戦の末、制する

たった一球で、天国と地獄に分かれることもある東都の入替戦。

一勝一敗で迎えた運命の三回戦で、七回までパーフェクトに抑えられる劣勢から、八回のチーム初安打をきっかけに起死回生の一発が飛び出すという奇跡的な逆転劇が見られたのが、一九八四年春の入替戦、青学大対中大である。

前身の東京英和学校時代の一八八三（明治一六）年に野球部が創部されたという長い歴史を持つ青山学院大学は、一九五一（昭和二六）年春に東都三部リーグに加盟。同年秋に二部に昇格すると、計八度の二部優勝を経て、七二年の入替戦で芝工大を連勝で下し、九度目の挑戦で悲願の一部昇格を実現した。

翌七三年には、後に監督として黄金時代を築いた河原井正雄（桐生）も入学し、一年の春に駒大・吉田秀雄（修徳）と同率の三割七分八厘で首位打者を獲得したが、七四年春に入替戦で専大に敗れ、四シーズンで二部降格となった。

その後、七九年春の入替戦で山沖之彦（中村、阪急、阪神）の専大を破り、一一季ぶりに一部復帰をはたすと、一六試合中一五試合に登板した下手投げのタフネスエース・吉田幸夫（南部）がチームの全勝ち星の八勝を挙げ、初のAクラス入り（三位）。最優秀投手に輝くとともに、藤倉一雅（＝多佑《かずまさ》　足利学園、阪神、ロッテ）とともにベストナインに選ばれた。

だが、吉田卒業後の八一年春、入替戦で国士大に敗れ、前回同様四シーズンで二度目の二部降格。

八三年秋にエース・高田博久（千葉商、日本ハム、横浜）の活躍で二部優勝をはたすも、国士大との入替戦では、長富浩志（千葉日大一、広島、日本ハム、ダイエー）を攻略できないまま、三連投の高田が力尽き、一勝二敗で一部復帰を逃した。

そして、翌一九八四年春の二部は、拓大が本来登録できない短大生八人を登録し、試合に出場させていたことが判明し、一年間の対外試合辞退を申し入れたため、五校でリーグ戦が争われることになった。

同一カード三試合連続延長戦の死闘を気力で勝ち抜き入替戦進出

青学大は斎藤学（下妻一、中日、ダイエー）、小川博（前橋工、ロッテ）のエース二枚看板がフル回転し、開幕カードの国学大戦をいずれも三対二で連勝。

二カード目の立正大戦は、打線が田口操（大宮北）に抑えられ、一対二で初戦を落としたが、二、三回戦をいずれも二対〇の完封勝利で二つ目の勝ち点を挙げた。

さらに東農大戦では、投打がかみ合って連勝し、六勝一敗、勝ち点三とした。

一方、ライバル・専大も、開幕から六戦全勝と好調を保ち、最終週で優勝と入替戦出場をかけて、前年秋（青学大が一敗後に連勝で優勝決定）に続いて両校が激突することになった。

五月二八日の一回戦は、青学大・斎藤、専大・浜崎修（浜松商）の息詰まる投手戦となった。

青学大は四回に陳光栄《ちんこうえい》（天理）の本塁打で先制するも、七回に追いつかれ、延長一五回二死から斎藤が宮里太（都城、横浜）に痛恨の一発を浴び、一対二のサヨナラ負け。専大に王手をかけられた。

翌二九日の二回戦も、専大が三回に二点を先制し、優勢に立ったが、青学大も陣の二試合連続本塁打などで四、七回に一点ずつを返し、二日連続の延長戦に突入した。

青学大は一〇回一死から青島正人（磐田南）中前安打、高重隆治（上尾）四球で一、二塁としたあと、古谷雄治（竜ヶ崎二）の一ゴロの間に二走者が進塁、二死二、三塁と一打サヨナラのチャンスを迎えた。だが、専大はこの日本塁打、二塁打と当たっている陣を敬遠し、満塁策で対抗する。そして、藤内一三（上宮）は、浜崎の気迫の投球の前に右飛に打ち取られた。

専大も一二回に先頭の西俊児（大成、ダイエー、日本ハム）が左前安打で出て、斎藤のボークで二進。西庄《にししょう》昭彦（村野工）の送りバントが野選を誘い、無死一、三塁となった。だが、斎藤は下田洋一（都城）を浅い右飛、浜崎を投ゴロで、二死を取ったあと、奥原万佐紀（城西）に死球を与えて二死満塁とするも、辻井満（印旛）を右飛に仕留め、辛くもピンチを切り抜けた。

四時間を超える長い試合は、一五回まで決着がつかなかったため、引き分けとなった。

三〇日の三回戦も、青学大は一点リードの六回に逆転を許すが、その裏にすぐ追いつくと、七回に一点を勝ち越し、小川、斎藤のリレーで逃げ切った。

そして、一勝一敗一分で迎えた五月三一日の四回戦は、正午から神宮球場で行われたが、この日もなかなか決着がつかない。

○対○のまま、このカード三度目の延長戦に突入したあと、青学大が一四回にやっとの思いで挙げた虎の子の一点を、四連投で六〇〇球近くを投げた斎藤が三者凡退で守り切り、二季連続の二部優勝を達成した。
勝利の瞬間、マウンドに駆け寄るナインの中で、斎藤は連日の疲労からふらふらになりながらも、ニッコリと笑顔を見せていた。

連日歯を食いしばって超人的な力投を続け、優勝の立役者になったエース・斎藤は後年「強い学年が抜けて戦力的にはダウン。三部に落ちるとまで思っていただけに、うれしかったですね」（『東都大學野球連盟七十年史』）と回想している。

今にして思えば、四日連続計五三イニングにわたる専大との壮絶な死闘を勝ち抜いた苦しい体験が、入替戦で生かされたと言えるかもしれない。

初勝ち点を挙げ、最下位回避に光明が見えかけた直後、暗転した中大

入替戦の相手は中大だった。

前年秋はエース・谷津田伸二（日大三）と岡部明一《あきひと》（PL学園、ロッテ）らの打線がかみ合い、春秋連覇の駒大に次いで二位。このチームから捕手と外野手の二人が抜けただけのレギュラー七人が残り、開幕前は三連覇を狙う本命・駒大とともに優勝候補に挙げられていた。

だが、四月のオープン戦で頼みの谷津田が肩を痛め、打線の不振も追い打ちをかけて、早々と優勝戦線から脱落。三カード目の国士大戦も二試合連続引き分けたあとに連敗し、単独最下位に沈んだ。

当時筆者は九州の地方紙に勤務していたが、GWの代休をもらって四カード目の日大戦を見に行った。

五月一五日の一回戦は、前年春に七一奪三振を記録したリーグ屈指の本格派・石井宏（北海道日大、阪急、阪神）に三安打に抑えられ、一対二で敗れた。これで開幕から一勝七敗二分。悪い流れをなかなか変えられない。

翌一六日の二回戦も、二対二の六回に一点を勝ち越しながら、勝利目前の九回に振り逃げをきっかけにエラーで同点とされ、延長一〇回、三対三で引き分けた。

だが、一七日の三回戦は、初回に岡部明が石井からタイムリーで挙げた一点を三投手のリレーで守りきり、二三日ぶりの勝利を手にする。

翌一八日の四回戦も、一年生・平田幸夫（享栄）が三失点完投の六対三で、ようやく初の勝ち点を挙げた。

これにより、日大も優勝戦線から脱落し、開幕前は最下位予想もあった亜大が七勝三敗、勝ち点三でV目前となった。翌週の最終カード、国士大戦に連勝すれば、亜大の優勝が決定する。

一方、国士大は亜大に連敗すれば、二勝八敗二分となり、三勝七敗三分の中大は最終カードの駒大戦に連敗しても勝率の差で、最下位を回避できる。

そこまでシミュレートした筆者は母校の一部残留に光明が見えてきたことに安堵して九州に戻ったのだが、わずか四日後に考えの甘さを思い知らされることになる。

五月二二日、亜大は優勝へのプレッシャーからか、中大戦の四連投で三八イニングを一人で投げ抜いた国士大の〝タフマン〟松浦義興（帝京五）を攻略できず、〇対一で敗れる。

もし、連敗すれば、東洋大の逆転Vを許す可能性もあった亜大だが、二、三回戦に阿波野秀幸（横浜桜丘、近鉄、巨人、横浜）、三原昇（日大藤沢）の両エースで連勝して六季ぶりの優勝を決めた。

この結果、国士大は三勝八敗二分、勝ち点一で全日程終了。中大が勝率で上回るためには、駒大戦で最低でも一勝しなければならなくなった。

この時期の中大は、駒大を大の苦手としており、一九八一年秋から一〇連敗中で、直近四試合はすべて完封負け。八二年秋の一回戦から五一イニング連続無得点と、勝つ以前に点を取ることすら至難の業だった。

はたして、五月二九日の一回戦は、白井宏範（志度商）にリーグ戦初先発初完投勝利を許し、〇対三の九回に一点を返して連続無得点記録を「五九」でストップするのが精一杯だった。

翌三〇日の二回戦も、先発・田村勤（島田、阪神、オリックス）をはじめ、先発メンバーに一年生五人を起用した〝ヤング駒大〟に二対五と完敗し、ついに最下位決定。入替戦で青学大と対戦することになった。

実は、中大は、青学大とも一部での対戦時は相性が悪かった。七九年秋から八一年春までの四シーズンで三度勝ち点を落とし、唯一勝ち点を挙げた八〇年秋も一敗していた。

当時ネット裏のファンが「青山は捨て身でぶつかっているからね」と評していたのを覚えている。一九八一年五月二日の中大戦では、内野ゴロの直後、一塁走者がすでに送球体勢に入っていた二塁カバーの遊撃手に併殺阻止のスライディングで落球を誘い、オールセーフ判定を勝ち取ったシーンがあった。まさに「捨て身」の表現がふさわしい一か八かのプレーだった。全員が一丸となって向かってくる青学大に対し、中大はどこか受け身に回っているような印象があった。

サヨナラ安打が公式戦初打席初安打初打点

ライバル・専大との四日間の死闘を執念で勝ち上がってきた青学大。

シーズン最終戦で一勝すれば最下位を回避できたのに、元気なく連敗した中大。

そんな両者の勢いの差が、六月一九日の入替戦一回戦で如実に表れた。

青学大は三回に橋本勉（星稜）の内野安打を足場に、敵失で一死一、三塁とチャンスを広げ、四番・陳の右犠飛で一点を先行。

四回にも一年生・南渕時高（天理、ロッテ、中日、オリックス）の右中間二塁打、古谷の連続長短打で一点を追加したあと、石井利明（鎌倉学園）の送りバントで一死二塁とし、斎藤と一年生・大見達也（帝京）の連続タイムリーで四対〇。肩の不調を押して登板した谷津田を前半でKOした。

さらに六回にも高重が右前タイムリーを放ち、決定的な五点目が入る。

これに対し、中大打線は斎藤の下から浮き上がってくる直球と切れの良いカーブにまったくタイミングが合わない。

七回に四番・西原忠善（上宮）の左前安打と鈴木智治《もとじ》（横浜商）の左中間二塁打で一点を返すのが精一杯。一対五と完敗し、崖っぷちに追い込まれた。

二回戦は雨で二日延び、二〇日に行われた。もう負けるわけにいかない中大は、四年生の宮坂義久（松代）が先発した。

宮坂は高校三年夏の県大会でノーヒットノーランを達成し、長野県内では松商学園・川村一明（西武、ヤクルト）と並び称された好投手だった。中大入学時から期待されていたが、リーグ戦デビューは三年の春まで遅れ、秋は登板なし。同期のエース・谷津田の陰に隠れていた感があった。

だが、四年の春は故障の谷津田に代わって、先発一試合を含む登板九試合と出番が一気に増え、入替戦でも、連敗すれば二部降格というあとがない状況で、チームの命運を託されることになった。

〇対〇の二回二死二塁、石井に中前安打を許したが、二塁走者・高重が強引に本塁をついて、タッチアウト。失点を防いだ宮坂は徐々に調子を上げ、三回以降も点を許さない。

一方、中二日ながら連投となった青学大・斎藤は、一回戦で見せたようなカーブの切れ味を欠き、中盤以降、毎回のように走者を背負う苦しい投球が続く。

だが、中大打線も、送りバント失敗、走ればアウト、強攻すれば併殺打と拙攻を繰り返し、好投の宮坂を援護できない。試合は〇対〇のまま延長戦に突入した。

一〇回、中大は先頭の森隆浩（熊谷商）が死球で出塁。代走・渡辺鋭二郎（富士東）が二盗に成功し、黒田信広（銚子商）が敬遠されたあと、二死一、二塁で宮坂に打順が回ってくると、宮井勝成監督は代打・野沢洋久（静岡市立）を告げた。この日初めてベンチ入りしたばかり。「打つしかなかった」と腹をくくって斎藤のシュートを流し打つと、打球はショート右を抜ける大学初打席初安打のサヨナラ打となった。

我慢の投球が実を結び、勝利投手になった宮坂は、リーグ戦も含めてこの日が二度目の先発。これまで長いイニングを投げたことがなかったのに、延長一〇回を一人で投げ抜き、完封したのは見事だった。これまであまり目立たなかった投手が、一世一代の投球でチームの危機を救うのも、入替戦ならではのドラマと言えるだろう。

一方、たった一点に泣いた斎藤は「カーブが切れず、シュートに頼ってしまった。疲れはないし、明日も行く」と三連投での雪辱を誓った。

完全試合が途切れた直後、歴史に残る一発が放たれる

雨でさらに一日延び、六月二二日に行われた三回戦は、サヨナラ勝ちで一勝一敗のタイに戻した中大が勢いで勝っていた。

一回に鈴木の中前タイムリーで先制し、六回にも二回戦でサヨナラ打を放った野沢が効果的なタイムリー。二対〇とリードを広げた。

投げては、前々日のヒーロー・宮坂がコースを丁寧につく投球に徹し、初回から一人の走者も許さない。このままいけば、入替戦史上初の完全試合が達成される可能性も出てきた。

青学大・近藤正雄監督（和歌山商、大洋）は二点目を失った直後、「三点も取る打線じゃないし、正直なところ絶望しました」と一度は落ち込んだが、「でもね。ヒットが一本出たら、もしかしたらつぶせるんじゃないかとも見ていたんです」とパーフェクト阻止に一縷の望みを託した。

それだけに、気迫が足りないプレーに対しては、たとえ主力でも容赦しなかった。

七回無死一塁、宮坂の一邪飛を陳が落球すると、即座に懲罰交代を命じた。さらに陳がグラブをベンチに蹴り入れるのを見ると、怒髪天を衝くばかりに一喝した。

「みっともないマナーだけは許せなかった」というのが理由だが、もちろん「あれで燃え上がったんでしょう」と選手の奮起を促す狙いもあった。

劣勢にあっても勝利をあきらめない指揮官の気迫は、ナイン全員に伝わった。

宮坂は七回も三者凡退に打ち取り、依然としてパーフェクトピッチングを続ける。そして、中大ナインも「これで一部に残留できる」と思いはじめた矢先、試合は運命の八回裏を迎える。

先頭の山田征徳（下妻二）が三塁右にチーム初安打となる内野安打を放つ。

この場面を見ていた筆者の複数の知人が「けっして捕れない打球ではなかった」と証言している。記録を意識して三塁手が硬くなったのか、それとも山田の気迫が勝ったのか、いずれにしても、「パーフェクトが途切れた」瞬間から、流れは一気に青学大へと傾く。

マウンドで宮坂が気落ちしているのを見た近藤監督は、次打者・高重のときにヒットエンドランでたたみかける。これも見事にハマり、中前安打で無死一、三塁とチャンスが広がった。

さらに南渕の遊ゴロが併殺崩れになる間に一点を返し、なおも一死一塁。結果的に走者が一人残ったことが、両チームの明暗を大きく分けた。

ここで代打・中村聡（日大二）が告げられる。一九八二年夏の甲子園で優勝投手の池田・畠山《はたやま》準《ひとし》（南海、横浜）から二安打を記録した強打者も、大学では右肘を痛め、ベンチウォーマーだったが、一か八かの勝負どころで持ち前のパワーを買われ、待望の公式戦初出場をはたした。

「内角だけを狙え」と近藤監督から指示された二年生の代打は、一ストライクから宮坂の二球目、内角寄りストレートを迷わずフルスイング。「この手応えは生涯忘れない」と中村自身も確信した会心の一打は、懸命にバックするレフト・岡部明の目の前でスタンド最前列に飛び込んで

1984年春入替戦　青学大、七回までパーフェクトから大逆転

1回戦6月19日)

	1	2	3	4	5	6	7	8	9	
中大	0	0	0	0	0	0	1	0	0	1
青学大	0	0	1	3	0	1	0	0	×	5

●谷津田、板垣、福井、宮坂―佐藤、関
○斎藤―石井

2回戦（6月22日）　延長10回

	1	2	3	4	5	6	7	8	9	10	
青学大	0	0	0	0	1	0	0	0	0	1	2
中大	1	0	0	0	0	0	0	0	0	0	1

●斎藤―石井
○宮坂―宮城

3回戦（6月24日）

	1	2	3	4	5	6	7	8	9	
中大	1	0	0	0	0	1	0	0	0	2
青学大	0	0	0	0	0	0	0	3	×	3

●宮坂―宮城
斎藤、○小川―石井
本塁打＝中村（青）

いった。

そして、三対二の九回、七回から斎藤をリリーフした小川が中大最後の攻撃をゼロに抑え、〝メーク・ミラクル〟とも言うべき鮮やかな逆転勝利で七季ぶりの一部復帰を実現した。

さらに同年秋は、いきなり二位に大躍進。入替戦で途中交代の屈辱を味わった陳も首

位打者に輝いた。

翌八五年春も二季連続二位と健闘し、入替戦で逆転二ランを放ったヒーロー・中村が四本塁打で本塁打王を獲得している。

メジャーリーグで活躍した井口も青学出身

青学大は一部復帰を機に高校球児の間で人気が上昇し、八五年は夏の甲子園四強の金足農の捕手・長谷川寿、センバツ優勝校・岩倉の二塁手・菅沢剛（準決勝の大船渡戦でサヨナラ本塁打）、さらに翌八六年にはPL学園で主将を務め、桑田真澄（巨人、MLB）、清原和博（西武、巨人、オリックス）と同期だった松山秀明（オリックス）、夏の甲子園で四本塁打を記録した宇部商の主砲・藤井進といった豪華メンバーが多数入部。〝大学球界のニューウェイヴ〟としてマスコミに紹介された。

そして、一九八八年秋に悲願の一部での初優勝を実現すると、一九九〇年代以降、小久保裕紀（星林、ダイエー、巨人、ソフトバンク）、井口資仁（ダイエー、MLB、ロッテ）ら名選手を輩出し、黄金時代を築くことになる。

すべては入替戦での一本の本塁打から始まったと言っても、過言ではないだろう。

⑬一九八六年秋・入替戦《東農大対中大》

中央大学、歴戦の名将も涙、奇跡の逆転サヨナラスリーラン

リーグ発足時からの名門同士による入替戦

「入替戦は〝勝ちたい〟気持ちが強いほうが最後に勝つ」

大学時代に何度も入替戦を経験した東都ＯＢの言葉だが、「これで勝負あった」と誰もが確信しかけた場面で、まさかのどんでん返しが起きるのも、「昇格したい」「残りたい」という両チームの必死の思いが真っ向からぶつかり合う入替戦ならではの妙味である。

そんな入替戦史に残る土壇場でのサプライズとも言うべき逆転サヨナラ劇が見られたのが、一九八六年秋の一、二部入替戦、東農大（一部六位）対中大（二部一位）だった。

中大は一九八四年春、一勝一敗で迎えた青学大との入替戦三回戦で、七回まで相手打線をパーフェクトに抑えながら、二点リードの八回に初安打と初失点を許した直後、悪夢とも言うべき代打逆転二ランを浴び、二五年ぶりの二部転落の悲哀を味わった。

その二部でも、同年秋は三位、翌八五年は春秋ともに二位と、なかなか優勝することができない。八六年春も優勝した東農大に勝ち点を落としたことが響き、三季連続二位に終わった。

一方、前年秋に二部最下位となり、三部優勝校・拓大と入替戦を行った東農大は、二勝一敗で残留を決めると、中日などで投手としてプレーした大沢君夫監督（藤沢商、名古屋、東映、中日　大沢啓二元日本ハム監督＝神奈川県立商工、立大、南海、東京＝の兄）が「ピッチャーがビシッと抑えて、点を取られない野球」を目標にチーム強化を図る。

八六年春はオープン戦から好調を持続。身長一七〇センチと投手としては小柄ながら、伸びのある速球と切れの良いカーブを武器とする左腕・橋本武広（七戸、ダイエー、西武、阪神、ロッテ）、一八三センチの右下手投げ・宮本武（東農大二）らの投手陣が頑張り、〝天王山〟の中大戦では、三試合いずれもロースコアの一点差（延長一一回二対一、〇対一、一対〇）を二勝一敗で勝ち抜いて、七五年秋以来の二部優勝を実現。一、二部入替戦でも日大にストレートの二連勝で、六二年春以来四九シーズンぶりの一部復帰をはたした。

さらに同年秋のリーグ戦でも、橋本、宮本の両エースが好投し、専大から勝ち点を挙げるなど、〝台風の目〟になった。

だが、シーズン終盤の一〇月二四日、一勝一敗のまま未消化となっていた東洋大との三回戦で、七回まで四対〇とリードしながら、八回に勝利を意識した橋本が乱れて一挙六失点。ほぼ手中にしていた二つ目の勝ち点を逃したことが致命的となり，最下位でシーズンを終えた。

筆者は二〇〇三年晩秋、橋本（当時ロッテ）の現役引退時に取材で会う機会があったが、「あの東洋大戦に勝っていれば、中央さんと入替戦をやらずに済んだのに……」と一七年の月日が流れても残念がっていた。

同年秋、二部で五シーズン目を迎えた中大も、一部在籍時の主力が多く卒業し、優勝するまでの道のりは苦難の連続だった。

開幕戦の順天大戦で黒星スタートのあと、一勝一敗のまま三回戦は日程の都合で先送り。次の国学大戦も二勝一敗で勝ち点を挙げたものの、勝利した試合は二対〇、二対一と苦しんだ。

三カード目の拓大戦も一勝一敗のまま三回戦が先送りになり、九月を終えた時点で四勝三敗、勝ち点一。打線は得点力に欠け、投手陣も頼れるのは、七試合すべてを一人で連投したエース・平田幸夫（享栄）だけ。リーグ優勝八度、日本一三度を達成し、三八年目を迎えた名将・宮井勝成監督も「優勝は半ばあきらめていた」という。

だが、〝本命〟日大が国学大に勝ち点を落としたことから、大きなチャンスがめぐってきた。

一〇月一三、一四日の立正大戦を一対〇、二対一のロースコアで連勝した中大は、同一七日の順天大、同二三日の拓大との三回戦も制し、八勝三敗、勝ち点四で一気に首位浮上。そして、一〇月二七、二八日の〝天王山〟日大戦も、いずれも六対五と一点差で逃げ切り、怒濤《どとう》の六連勝で、勝ち点五の完全優勝をはたした。

平田は全一三試合に登板し、完投一二試合、一一二回を投げて防御率一・七二。打者としても一本塁打三打点と、投打二刀流と呼べそうな奮闘ぶりだった。

入替戦の相手・東農大は、春のリーグ戦で橋本に二試合計二〇イニングを一得点に抑えられていただけに、いかにして橋本を攻略するかがカギだった。

中大の絶対エースと東農大のダブルエース、ともに譲らず

一一月一二日の一回戦は、予想どおり、平田、橋本両先発の投手戦となり、四回まで両チームゼロ行進が続く。均衡を破ったのは、東農大だった。

五回表、七番・富沢進（東農大二）がチーム初安打となる先制ソロを放ち、一対〇とリードする。

これに対し、中大は一点取るだけでも至難の業の橋本から二点以上取ることが勝利の条件となり、苦しくなったが、六回裏、九番・花田康晴（早稲田実）が左越えソロを放ち、試合を振り出しに戻す。

ショートを守る花田は、秋のリーグ戦は四五打数三安打の打率六分七厘で〝守備の人〟のイメージが強かった。投手より打順があとのラストバッターが、相手に流れが行きかけた場面で、公式戦初アーチとなる同点弾を放つのだから、野球は本当に何が起きるかわからない。花田は秋の国学大一回戦でもスクイズを決め、二対〇の勝利に貢献した名脇役だった。

値千金の一発で流れをつかんだ中大は、七回一死一塁で六番・清水達也（上尾、現中大監督）が左翼線に決勝二塁打を放ち、二対一。この最少リードを平田が二安打一失点の好投で守り切り、六季ぶり一部復帰に王手をかけた。

だが、宮井監督は「まだ一回しか勝ってないじゃないか。先勝しても余裕なんかないよ。ウチは（投手が）平田しかいない」と二回戦も平田連投で臨むしかない苦しい台所事情を打ち明けた。「行けと言われたら、明日も行く」と平田も闘志を新たにし、連勝で一部復帰を狙ったが、翌日の二回戦は、七回まで五安打に抑えながら、二回に斉藤悠多佳（水戸短大付）に先制ソロ、七回に富沢にタイムリーを許し、計二点を失ってしまう。

中大打線は、好投手・宮本から七安打を放ちながらも、一、三回の一死三塁で三、四番が凡退するなど、決定打を欠き、〇対二で敗れた。

平田は七回で降板したものの、三連投となる三回戦は、二日間の疲労を考えると、さすがにきつい。これに対し、東農大は橋本が一日休養できたうえに、宮本も連投ながらリリーフ可能とあって、状況的に有利だった。

「左手一本で振り抜け！」土壇場での監督の一言が奇跡を呼んだ

そして迎えた一一月一四日の三回戦、〝背水の陣〟の三連投のマウンドに上がった平田は、肩と肘の痛みをこらえながら、初回から気迫の投球を続ける。中大打線も何とか援護しようと、一度ならずチャンスを作るが、なかなか実を結ばない。

俊足のトップバッター・笘篠賢治（上宮、ヤクルト、広島）の三盗が際どいタイミングながらアウトと判定され、一年生の五番・吉村正之（袋井）の三塁打でベンチが一気に盛り上がるが、橋本の粘投の前にあと一打が出ない。

見ているだけで胃が痛くなるような重苦しい展開のなか、平田は八回まで四安打無失点に抑え、スコアボードに一六個のゼロが並んだ。

だが、九回表一死、六番・唐沢敬（習志野）に痛恨の先制ソロを許してしまう。

「一点取られたら負け」と自らに言い聞かせて投げ続けていた平田は「あのホームランでダメかと……」と張りつめていた気持ちが切れ、マウンドにガックリうずくまった。それでも瞬時に気持ちを切り替え、後続を断って最少失点で切り抜けると、自軍の最後の攻撃に望みを託した。

ここまでわずか三安打の中大打線は、三番からの好打順ながら、先頭打者が三振に倒れ、あと二人と追い込まれた。

次打者は四番・富田篤（上尾）。この日は三打数無安打ながら、春の東農大二回戦では、○対○の九回裏に宮本からサヨナラ弾を放っていた。最後の最後で主将の意地を見せたいところだ。

その富田に対し、スタンドからおそらく父親と思われる男性が最前列まで歩み寄って何事か檄を飛ばす。男性の言葉に力強く頷いて打席に入った富田は、中前に執念の安打を放ち、反撃の狼煙《のろし》を上げた。

吉村も四球で一死一、二塁とチャンスが広がる。

そして、次打者・清水を迎えた場面で、東農大・大沢監督は、前日完封勝利を挙げた宮本をリリーフに送った。二日前に決勝タイムリーを浴びた相性の良くない右打者だったことと、リーグ戦中に左手人さし指の血行障害を発症した橋本を慮り、大事を取ったと解釈できる。

リリーフ・宮本に対し、清水は初球ボールのあと、二球目をファウルした。すると、今度は宮井監督がベンチを飛び出してきた。大事な場面で、前に突っ込む悪い癖が出たことを注意しに来たのだ。

「いつも教えているとおりのバッティングをなぜしない。右手だけしか使っていない。左手一本で振り抜いてみろ。三振してもいい。四年間の総決算をしてみろ」と激励した。

そして、この恩師のアドバイスが奇跡を呼んだ。

清水はカウント一―一から宮本の三球目、ストレートを迷わずフルスイング。

打球が高々と上がった瞬間、筆者は「大きな外野フライだ」と思い、二塁走者（富田の代走・信賀《しんが》正喜＝横浜商）がタッチアップして二死一、三塁になる場面を想像した。

ところが、思ったより滞空時間の長い飛球はグングン伸び、周囲にいた観客たちが「オーッ！」とどよめきながら、次々に立ち上がるではないか。つられるように立ち上がると、白球が左中間の一番深いスタンドに吸い込まれていくのがはっきり見えた。

1986年秋入替戦　中大・清水が逆転サヨナラ3ラン

1回戦（11月12日）

	1	2	3	4	5	6	7	8	9	
東農大	2	0	0	0	0	0	0	0	0	2
中大	3	0	0	0	0	0	0	0	×	3

●橋本、宮本、松本―秀坂
○平田―宮城
本塁打＝花田（中）

2回戦（11月13日）

	1	2	3	4	5	6	7	8	9	
中大	0	0	0	0	0	0	0	0	0	0
東農大	0	0	1	0	1	0	0	0	×	2

●平田、板垣―宮城
○宮本―秀坂
本塁打＝斉藤（農）

3回戦（11月14日）

	1	2	3	4	5	6	7	8	9	
東農大	0	0	0	0	0	0	0	0	1	1
中大	0	0	0	0	0	0	0	0	3×	3

●橋本、宮本―秀坂
○平田―宮城
本塁打＝唐沢（農）、清水（中）

一瞬何が起きたのか理解できず、我を失ったが、数秒後、起死回生の逆転サヨナラ三ランで中大が勝ったことに気づくと、〝シナリオのないドラマ〟を地でいくような幕切れに胸が一杯

東都大学野球 一、二部入替戦

逆転サヨナラ3ラン

中大"涙"の一部復帰

名門・中大復活――。東都大学野球秋季一、二部入れ替え戦第3日は十四日、神宮球場で行われた。東農大(一部6位)-中大(二部1位)は平田両エースの投げ合いで試合は1点を争う投手戦。中大は土壇場の九回、清水の劇的な逆転サヨナラ3ランで勝利をおさめ、五十九年春以来6シーズンぶりの一部復帰を決めた。

清水が"劇砲"

東農大1―3中大(3回戦)14日 神宮

"6季ぶり"に宮

◎…"劇砲"一発! 名門・中大が清水(四年、上尾)の劇的な逆転サヨナラアーチで6シーズンぶりの一部復帰を決めた。1点のビハインドで迎えた九回裏、一死一、二塁から代わった東農大・宮本の1―1からの速球を強振すると白球は左翼スタンドへ一直線。大学通算3本目のアーチが"値千金"の一発とあって「1―1になった時、監督に右手で打っている。左手で振り抜けと注意されたんで

<中大・東農大>名将・宮井監督も奇跡の逆転勝利に男泣き 逆転勝利の立役者、中大・清水をナインが胴上げ。これで中大は6シーズンぶりに一部復帰⑮

「スポーツニッポン」1986年11月15日

になった。これまでプロ・アマ問わず数多くの野球の試合を生観戦してきたが、こんな気持ちになったのは、初めてだった。

「(打球が)抜けてくれと思っていただけ」と涙を流しながらダイヤモンドを一周してきた清水をベンチ前で迎え、万歳を繰り返す中大ナイン。三連投が最後の最後で報われた平田もベンチ裏で「信じられない」とタオルで何度も涙を拭っていた。

試合終了の整列後、六季ぶりの一部復帰を決めた中大ナインは、宮井監督を胴上げしようと、本塁付近に輪をつくった。だが、宮井監督は輪の数メートル手前に立ち止まったまま動こうとしない。不思議に思い、目を凝らして見ると、感極まって泣いていることがわかり、「えっ!」と驚いた。これまでリーグ優勝のときも日本一のときも一度も見せることがなかった指揮官がグラウンド上で初めて見せた涙だった。

「（九回に一点取られて）もう負けたと思った。（二部で勝てないとき）オレの教え方が悪いんじゃないかと何度も思った。でも、間違っていなかった。（三日間で三六六球を投げ抜いた）平田の力投に尽きる。そして、四年生（富田、清水）が打ってくれて、こんな嬉しいことはない」（宮井監督）

一方、目前の勝利を土壇場でひっくり返された大沢監督は「まさか最後の最後でやられるとは……。でも、選手たちは目一杯やった。一部で教わった野球をよくかみしめ、ゼロから出直します」と再挑戦を誓った。

〝押しかけ同席〟した祝勝会の席で見せた宮井監督の人間味溢れる素顔

中大ナインの歓喜の胴上げを目の当たりにしたあと、引き揚げようとした筆者は、出口付近で学生時代からお世話になっている「劇団民藝」出身の俳優・仲野文梧さん（第二部９・亀井義行編参照）と偶然顔を合わせた。仲野さんは吉祥寺駅前のスナック「スリーダンダン」のマスターでもあり、同店は当時練馬区立野町に合宿所があった中大野球部の御用達でもあった。

「感動的な試合だったね。僕の周りで見ていた女性たちはみんな泣いていたよ」と熱戦を振り返った仲野さんは「今夜の祝勝会の準備をしなくちゃ」と足取りも軽く球場をあとにした。

筆者も仕事場に戻ったが、母校の劇的勝利に気持ちが高揚していたのか、ほんの少しでもいいから祝勝会を見たいという気持ちが強くなり、適当に理由をつけて早めに抜け出した。大学時代の同期で「東都スポーツ」を一緒にやっていた泉直樹君（現「東都スポーツ」編集長）を誘うと、「家にホワイトホースがあるから、お祝いに持っていこう」と退勤後に合流してきた。

「スリーダンダン」に着いたのは、夜の八時頃だったと記憶している。すでに宴たけなわだったが、野球部の全面貸し切りではなく、忘年会予約の下見など、特別な事情で来店した一般客数人も入り口近くの席を割り当てられ、歓談していた。

当初は仲野さんにホワイトホースを渡して、すぐに引き揚げるつもりだったが、格別の厚意で「ゆっくり楽しんでいきなさい」と〝一般組〟のわずかに空いていたスペースに案内された。

直後、仲野さんは、四年生中心の総勢二〇人ほどの野球部のメンバーが集まっているメインフロアに向かい、一番奥にいた宮井監督に「『東都スポーツ』からのお祝い」と説明して、ホワイトホースを手渡した。

「東都スポーツ」は二年前に学生スタッフ全員が卒業してから休刊になっていたが（一九九〇年春、泉編集長が復刊）、宮井監督は「『東都スポーツ』は、確か中央大学の学生がやっているんだよな」と答えると、一〇メートル以上離れた我々の席まで足を運び、「ありがとう。本当にありがとう」と何度もお礼の言葉を口にした。

思いがけず祝勝会に同席させてもらったうえに、監督から直々に挨拶されたのは身に余る光栄で、「来て良かった」と天にも昇る心地だったことを覚えている。

その後、カラオケ大会が始まり、コーチや選手が一人ずつ持ち歌を披露。締めくくりに富田主将が世良公則《まさのり》とツイストの一九七八年のヒット曲『あんたのバラード』を歌うと、途中から宮井監督も飛び入り参加し、「富田よ、この歌気に入った。卒業するまでにオレに教えていってくれ」と頼んだ。

選手から〝親父〟と呼ばれて慕われていた名将の人間味に溢れた心温まるシーンは、あれから四〇年近い歳月が流れた今でも、奇跡的な逆転サヨナラ三ランとともに懐かしく思い出される。

⑭ 二〇二〇年秋・リーグ戦
國學院大學、加盟から八〇年目の初優勝

〝ハンカチ世代〟豊作ドラフトのあの年に

早稲田大学・斎藤佑樹（早実、日本ハム）をはじめ、〝ハンカチ世代〟の逸材が大学四年生になった二〇一〇年、東都でもアマ最速一五七キロを誇る中大・澤村拓一《ひろかず》（佐野日大、巨人、MLB、ロッテ）がドラフトの目玉になり、下級生にも東洋大・藤岡貴裕（桐生第一、ロッテ、日本ハム、

巨人）、東浜巨《なお》（沖縄尚学、ソフトバンク）らの好投手が顔を揃えていた。

秋のリーグ戦は、春の覇者・東洋大を筆頭に、亜大、中大の三強の争いとみられていたが、〝戦国東都〟を制したのは、八月に就任した新監督の下、一度は自力Ｖの可能性が消滅しながらも、全員の力を結集して、最後は自力で栄冠をつかんだ國學院大学だった。

東都リーグ加盟以来八〇年目、悲願の初優勝までの道のりを振り返ってみよう。

七三人の全部員とノート交換で真摯に向き合った新監督

國學院大學は一九一七年（大正六）、前身の運動部から正式に野球部として発足し、二五年（大正一四）、専大、日大、東洋大、東京商科大（現一橋大）、宗教大（現大正大）とともに東京新大学連盟（現在の同名の連盟とは無関係）を結成。同連盟解散後の一九二九年（昭和四）には、当時では珍しい満州、朝鮮への遠征も行っている。

そして、一九三一年（昭和六）、専大、日大、中大、東農大とともに東都の前身・五大学野球連盟に加盟。同年秋には日大と六勝〇敗、勝ち点三で並び、優勝預かりとなった（球場難で最終カードの日大戦が中止になり、両校優勝預かりに）。

戦後は、プロ野球で一打数一安打一本塁打の通算長打率四〇〇割を記録した塩瀬盛道監督（龍ケ崎中、東急）時代の一九六〇年春に七勝八敗一分、勝ち点二で三位になったが、六四年春の入替戦で亜大に敗れて二部降格後は、七四年秋に三部降格を経験するなど、四半世紀の長きにわたって一部から遠ざかった。

一九八九年春、「完全燃焼」をモットーに高校野球指導者の育成にも情熱を注いだ餅田正美監督（横浜桜丘）の長年の苦労が実を結び、エース左腕・大塚康一《こういち》（横浜商）を擁して二五年ぶりに一部復帰をはたすが、二シーズンで再び二部へ。

九二年秋にもリーグ戦で五勝〇敗、防御率〇・一九と安定度抜群のエース・酒井弘樹（関東一、近鉄、阪神）の粘投で一部復帰も、再び二シーズンでその座を明け渡した。

九六年春、東北高、仙台育英を率いて春夏合わせて二七回甲子園に出場したOB・竹田利秋監督（県和歌山工）が就任。通算二三本塁打の矢野謙次（国学院久我山、巨人、日本ハム）、宮田仁（横浜桜丘）、渡辺俊介（国学院栃木、ロッテ）、梅津智弘（上山明新館、広島、楽天）、伊藤義弘（東福岡、ロッテ）ら好選手を輩出したが、一部の壁は厚かった。渡辺はロッテ時代に取材する機会があったが、「阿部（慎之助）にはよく打たれました」と回想していた。

だが、二〇〇六年春、嶋基宏主将（中京大中京、楽天、ヤクルト）や聖澤諒《ひじりさわ》（松代、楽天）らの活躍で、二七季ぶりに一部に返り咲くと、四六年ぶりの三位に躍進。〇八年春に二部降格も、二シーズンで一部に復帰し、一〇年秋は平成以降では最長となる四季目を迎えていた。

その秋のリーグ戦を前に、一四年間チームを率いてきた竹田監督が勇退。七月まで修徳高を指揮し、東東京大会決勝まで勝ち進んだ鳥山泰孝監督が八月一一日付で新監督に就任した。

烏山監督は宇都宮学園（現文星芸大付）から国学大に入学し、四年時には主将。卒業後の一九九八年春からコーチとして九年間、竹田監督の下で高校野球指導者としてのノウハウを学んだあと、二〇〇七年四月から修徳高監督を務めていた。

東東京大会の前に大久保佳子野球部長から新監督を要請され、決勝で関東一に逆転サヨナラ負けを喫してからわずか半月後に就任という慌ただしさ。教え子たちは「行かないで」と泣きながら引き留め、「こんなに苦しい決断はなかった」と気持ちの整理に苦悩しながらも、母校の大学で新たなスタートを切った。秋のリーグ戦開幕まで三週間余りしかなかった。

投手陣の指導は引き続き竹田総監督に任せ、自らは七三人の全部員とノートを交換。一年生には「寮生活について」、四年生には「部に何を残したいか」を主題に思っていることを書かせ、都内の自宅から横浜のグラウンドまで一時間半をかけて電車移動する時間を利用して、一人ひとりに返事を書いた。

国学大コーチ時代に竹田監督から指導法について「頭が痛いって言ってる患者に、腹痛のクスリを渡してるようなものだ」と指摘され、「まず、相手の今の状態、状況を正しく把握すること。何ができて、何ができないのか、理解能力はどの程度なのか。身体能力、性格、今の精神状態。そこまで探って、理解して、そこから処方するクスリが決まる」（安倍昌彦著『監督と大学野球2』）と教わったことが、指導者としての礎になっていた。

こうした地道なコミュニケーションづくりが、お互いの心を通じ合わせる。秋に優勝を達成した直後、部員たちは「チームの雰囲気が良かった」と口を揃えている。

三強を追いかけるダークホース的位置づけから「一戦必勝」合言葉に大躍進

秋のリーグ戦は、春秋連覇を狙う東洋大と亜大、中大との三つ巴の争いとみられていた。就任三九年目の高橋昭雄監督（大宮工）が率いる東洋大は、大場翔太（八千代松陰、ソフトバンク、中日）がエースだった二〇〇七年春から戦後初のリーグ五連覇を達成。翌〇八年には史上四校目のグランドスラム（大学四冠＝春・秋リーグ戦、大学選手権、明治神宮大会のすべてに優勝）に輝くなど、「常勝」の名をほしいままにしていた。

二〇一〇年春は三年生エース・藤岡、四番・鈴木大地（桐蔭学園、ロッテ、楽天）を投打の柱に二季ぶりのリーグ優勝を遂げ、全日本大学野球選手権で菅野智之（東海大相模、巨人、MLB）の東海大を下して、二年ぶり三度目の優勝。秋は連覇と二度目のグランドスラムを狙っていた。

一方、二年生・東浜、四年生・中村駿介（滋賀学園）の両右腕を擁する亜大は、リーグ戦後半に六勝一敗と底力を見せたが、開幕カードの東洋大に連敗したのが響き、わずか一勝差で七季ぶりVならず。この悔しさをバネに、東浜は「年間一〇勝達成（春は四勝）と最終戦で東洋に勝って優勝するのが目標」と雪辱を期していた。

中大も東映、巨人で通算六〇勝を挙げ、プロ四球団で投手コーチを務めた高橋善正《よしまさ》監督（高知

東洋大・藤岡投手

亜細亜大・東浜投手

中央大・澤村投手

商、東映、巨人）が就任時に掲げた「大学創立一二五周年の年に日本一」の実現に燃えていた。春はエース・澤村の力投で東洋大から勝ち点を奪いながら、主力の途中離脱が相次ぎ、先勝した亜大に連敗して優勝を逃していた。さらに大黒柱・澤村も夏場に脇腹を痛め、世界大学野球選手権出場を辞退していたが、復調すれば、メモリアルイヤーを飾る一二季ぶりの優勝も夢ではなかった。

この三校は、二〇〇九年から〝三すくみ〟の状態が続いていた。東洋大は亜大に強いが、中大に三季連続で勝ち点を奪われており、亜大は中大に強いが、東洋大と相性が悪い。中大は東洋大から勝ち点を挙げながら、亜大にはなかなか勝てなかった。どのチームもライバル二校から勝ち点を挙げることができるかどうかが、優勝への大きなカギを握っていた。

春四位の国学大は、ダークホース的な位置づけで、世界大学野球選手権に出場した渡邉貴美男主将（文星芸大付）も「秋は当たり前のことを当たり前に。試合では日替わりでヒーローが生まれてくれれば」と一戦必勝を抱負にしていた。

シーズン前半から三強の激しいつぶし合い、国学大は一歩後退

九月四日開幕のリーグ戦、東洋大は藤岡が延長一一回を三安打一三奪三振無失点に抑え、国士大に先勝すると、翌五日の二回戦も乾真大（東洋大姫路、日本ハム、巨人）、鹿沼圭祐（桐生第一）、藤岡のリレーで三対二と逃げ切り、順調に勝ち点一を挙げた。

一方、中大は澤村が一回戦で登板回避し、青学大に二対五で敗れる苦しいスタート。故障明けの澤村は、八月三一日に神宮で行われた早大との一二五周年交流試合で、二イニング限定ながら先発していたが、まだ長いイニングを投げられるまでには回復していなかった。高橋監督も「（将来のある）お前が無理をして、ここでつぶれたら、オレもこの先ずっと後悔する」と言って、無理をさせなかった。

翌日の二回戦、澤村は五回途中からリリーフも、試合は二対二のまま延長戦に突入し、一一回で降板。五投手をつぎ込む総力戦となり、延長一五回の末、引き分けた。

九月六日の三回戦も七回まで二点をリードされる劣勢から、八回に西銘生悟《にしめせいご》（沖縄尚学）の二ランで追いつき、延長一二回に犠飛で三対二のサヨナラ勝ち。西銘の起死回生弾と七回途中から好救援の〝リトル澤村〟鍵谷陽平（北海、日本ハム、巨人）がチームを救った。

そして、翌七日の四回戦も七回まで一対二と苦戦も、八回に西銘の二点タイムリー二塁打で逆転。この日も澤村はリリーフで二/三イニングの登板にとどまったが、チーム全員が力を合わせて、何とか勝ち点一を挙げた。

第二週は、亜大が国士大に先勝を許しながらも、二戦目から中村駿、東浜で連勝し、勝ち点一。三強のいずれも勝ち点スタートとなった。

一方、国学大も一回戦でエース・高木京介（星稜、巨人）が粘投、二回戦では畠山翔平、鷲尾拓也（いずれも能代）のリレーが功を奏し、青学大に連勝と好スタートを切った。

第三週も熱戦が続く。

九月二一日、国学大・高木、東洋大・藤岡両エースの投げ合いとなった一回戦は、四安打完封の藤岡に軍配。

国学大は翌二二日の二回戦では、鷲尾が六安打二失点完投で雪辱し、一勝一敗のタイに持ち込んだが、雨で一日延びた二四日の三回戦では、高木が二本塁打を被弾し、三回途中KO。打線も藤岡に要所を締められ、三対六で敗れた。

この結果、国学大は優勝争いから一歩後退。肘に不安を抱え、「開幕からギリギリの状態でした」という高木も、最終的に登板四試合に終わり、実質エース不在で戦い続けることになった。

一方、優勝候補同士の対決となった亜大対中大は、一回戦は東浜、澤村両エースの息詰まる投手戦となり、〇対〇のまま延長戦へ。一〇回裏、中大が四番・井上晴哉《せいや》（崇徳、ロッテ）のバックスクリーン弾でサヨナラ勝ちし、澤村も被安打三、奪三振一六と復調をアピールした。

翌日の二回戦も中大が四対三で競り勝ち、亜大から二〇〇四年秋以来、一二季ぶりの勝ち点を挙げた。

後の〝アジャ井上〟が東浜から放った劇的なサヨナラ弾に心を揺さぶられた筆者は、この時点で中大の優勝を半ば確信したが、この日も顕著だった打線の得点力不足が、シーズン終盤に大きな影を落とすことになる。

イップスを克服した甲子園八強エースが復活し、リーグ戦初勝利

第四週は六大学の日程変更と悪天候により、消化できたのは一〇月一日の二試合のみ。

東洋大は藤岡が四回、青学大の一年生・杉本裕太郎（徳島商、オリックス）に先制の二点タイムリー三塁打を許すなど、一イニング四失点と乱れ、二対六と完敗。

後の〝ラオウ〟は「すごくうれしい。（高校時代はエース）打者で四年間試合に出続けたい」と初々しいコメントを残している。

第二試合の中大対国士大は、澤村が八安打を許しながらも四対〇の完封勝利。東洋大を勝率で上回り、単独首位に躍り出た。

第五週、国学大の相手は、一勝五敗と調子が上がらない国士大。春は勝ち点を挙げたものの、

二勝一敗と拮抗し、もし敗れれば、最下位転落危機となる。

一〇月六日の一回戦は、国学大・鷲尾、国士大・坂寄晴一《さかよりせいいち》（鉾田一、オリックス）の両先発がピリッとせず、両チーム計二四安打が飛び交う打撃戦になった。

五対五の六回、国学大は二つのエラーに乗じて一点を勝ち越したあと、石川良平（桐蔭学園）、渡邉貴の連打で八対五と突き放し、八回からリリーフした最速一四九キロ右腕・埜口《のぐち》卓哉（つくば秀英）が一安打無失点に抑えて逃げ切った。

翌七日の二回戦は前日とは打って変わり、国学大・阿部拓也（日大山形）、国士大・松村直哉（市柏）の投手戦となるが、一点を追う国学大は六回に渡邉貴、庄司輔《たすく》（修徳）の連続タイムリーで逆転。二つ目の勝ち点を挙げた。

シーズン初先発の阿部は、二〇〇六年夏の甲子園でエースとして山形県勢初の八強入りに貢献したが、大学一年のとき、練習で死球を与えたことがきっかけでイップスになり、約二年間投げることができなかった。エース・高木が計算できず、苦しい台所事情のなか、鳥山監督が「調子が良かったから」と抜擢したことが、見事にハマり、七回一失点で、うれしいリーグ戦初勝利を挙げた。

一方、亜大対青学大は、二〇〇八年春夏の甲子園優勝投手、東浜、福島由登《ゆうと》（大阪桐蔭）の注目対決が二度にわたって演じられたが、二完封の東浜に軍配が上がり、亜大が二勝一敗で二つ目の勝ち点。優勝争いは三強と国学大の四校に絞られた。

中大に二戦連続完封勝利で単独首位に浮上もこの時点で自力優勝はなかった……

第六週では、東洋大は中大、亜大は国学大と対戦も、またもや悪天候などにより、両カードとも一勝一敗のまま、翌週以降に順延となった。

国学大は一回戦で東浜に六安打一点に抑えられ、一対三で敗れたが、翌日の二回戦では八月の練習中に熱中症で倒れ、瞬発性の脳梗塞で一ヵ月野球から離れていた伊藤康孝（中京大中京）が、一対一の四回一死満塁、中村駿から左前二点タイムリーを放ち、勝利の立役者に。鳥山監督も「人一倍気持ちが強い選手。好機をよくモノにした」と賛辞を惜しまなかった。

投げては、六回からリリーフの阿部が一点リードを守り切り、優勝に夢をつなぐ大きな一勝となった。

度重なる順延により、第七週は中大対国学大、国士大対青学大、東洋大対亜大と、一日三試合が組まれた（当時は一日二試合）。

一〇月一九日の第一試合は、中大・澤村、国学大・鷲尾の投手戦となり、一対一のまま延長戦に突入。一六九センチと投手としては小柄な鷲尾は、直球も一四〇キロ前後ながら、低めを丹念に突いて一三回まで五安打無失点と、プロ注目の剛腕と互角に投げ合ったが、一四回、二安打と犠飛でついに勝ち越され、一対二で敗れた。

澤村は最速一五六キロをマークし、一四回を一五六球の一失点完投。目標の優勝に一歩近づき、「疲れはないです。一五回でも二〇回でもいけました。楽しかった」と満足そうに笑顔を見せた。

あとがなくなった国学大は、翌二〇日の二回戦で二度目の先発となった阿部が中大打線を六安打完封し、一対〇の勝利。V戦線脱落の危機を救ったヒーローは「あの経験があるから、今があると思う」とイップスを克服して大学初完封を実現した喜びをかみしめた。

「気持ちのぶつかり合い。上回ります」と鳥山監督が必勝を誓った一〇月二二日の三回戦も、鷲尾が五安打完封で、三日前に投げ負けた澤村に雪辱。シーズン三勝目を挙げた鷲尾は「勝ちたい気持ちが人一倍あった。（澤村に）リベンジできた」と勝利にかける執念を強調した。

一方、澤村はこの日も最速一五六キロを計測し、一四三振を奪いながら、四回に自らの牽制悪送球と一ゴロ野選で先制点を許したあと、谷内《やち》亮太（金沢西、ヤクルト、日本ハム）にタイムリー二塁打を浴びたのが致命的となった。二完封を記録し、一試合平均一失点ながら、打線が一試合平均一・四得点では、勝つのは厳しい。二戦連続完封負けにより、優勝にも黄信号が灯った。

もうひとつの注目カード、東洋大対亜大は、藤岡が一回戦と三回戦で二完封といずれも東浜との投手戦を制し、三つ目の勝ち点をもたらす。六勝中五完封と好調を持続している藤岡は「残り全試合を投げる気持ちでいます」と青学大戦、中大戦での全勝を誓った。

この結果、国学大が八勝四敗の勝ち点三で初めて単独首位に浮上。これを七勝四敗、勝ち点三の二位・東洋大、七勝四敗一分、勝ち点二の三位・中大が追う展開となったが、東洋大が残り試合を全勝すれば、勝ち点五の完全優勝になるため、この時点で国学大の自力Vは消滅していた。

一〇月二六日、生き残りをかける中大は国士大、連覇目前の東洋大は青学大と未消化の二回戦を行った。

中大は国士大に連勝で勝ち点を挙げ、東洋大との三回戦にも勝てば、九勝四敗一分、勝ち点四。国学大が亜大三回戦に敗れれば優勝決定、勝った場合は同率でプレーオフになるはずだった。

ところが、すでに最下位が決定している国士大に対し、中三日の澤村を温存したことが裏目となり、二対三で痛い星を落とす結果に。「なぜ?」の声も多かった登板回避を、高橋監督は「将来あるヤツを（酷使で）壊したくない」と説明した。もし、先発・澤村で勝利した場合、最短で二日後に東洋大と優勝をかけて激突する過密日程が考慮された形だ。

だが、エースをぶつけてこなかったことに国士大が発奮し、意地を見せた感があったのも事実。六回に逆転を許した中大投手陣も、二回以降打線の援護を得られず、「一点もやれない」と気持ちに余裕がなかったように見えた。野球は精神的な要素も大きいことを改めて痛感させられた。

負けられない試合に登板できずに終わった澤村は「三連投でも壊れない体づくりはしている」と悔しそうな表情を浮かべたが、ドラフト一位で巨人入団後、「今振り返れば、（「この先後悔する」）その一言がなかったら、無理をして投げてしまっていたかもしれない。そうしたら、今の僕はなかったかもしれない」（『東都大学野球80年の歴史』）と高橋監督に感謝の言葉を贈っている。

さらに第二試合も、よもやの結果となる。エース・藤岡で必勝を期した東洋大だったが、一回二死三塁、雨でグラウンドがぬかるみ、足元が不安定ななか、直球が高めに浮いたところを四番・下水流《しもずる》昂《こう》（横浜、広島、楽天）に先制二ランされ、これが決勝点となった。藤岡は二回以降は立ち直り、二安打無失点に抑えたが、打線の援護なく、一対二でゲームセット。青学大に二連敗で大きな勝ち点を落とした。

初回の二点に泣いた藤岡は「立ち上がりの悪い自分の悪い癖が出てしまった。四年生に申し訳ない」と唇をかんだ。

八〇年目の悲願達成も、胴上げ固辞の謙虚な優勝

ライバル両校が揃って敗れた結果、国学大は最終戦の亜大三回戦に勝てば優勝となった。「両方負けるとは……ビックリ」と絶句した鳥山監督だったが、「（亜大は）一筋縄ではいかないと思うけど、ワクワクしますね」と闘志を新たにする。

そして、一〇月二七日の運命の一戦、鷲尾、東浜の両先発で始まった試合は、五回まで両チームゼロ行進の投手戦となった。

2010年10月27日　国学大初優勝決定試合

3回戦

	1	2	3	4	5	6	7	8	9	
亜大	0	0	0	0	0	0	0	0	0	0
国学大	0	0	0	0	0	0	2	5	0	7

●東浜、北原、大山、中原—下館

○鷲尾、埜口—清水

だが、優勝に王手をかけた国学大のほうが「勝ちたい」思いが勝っていた。

六回、国学大は澤田昇吾（金沢）の安打を足場に敵失、犠打で一死三塁、庄司の内野ゴロが本塁野選を誘発して一点を先制。さらに二死後、伊藤、田渕雄飛（法政二）の連打で二点目を挙げた。

七回にも連打と犠打などで一死二、三塁から三番・渡邉貴の一ゴロが本塁悪送球を呼んで三点目。さらに田渕、谷内のタイムリーと連続押し出し四球で七対〇と突き放し、試合を決めた。

最後は七回から鷲尾をリリーフした埜口が三イニングを無安打、最終回も三者凡退に打ち取る完封リレーで、悲願の初優勝に花を添えた。

四年秋にレギュラーをつかみ、五番打者として見事首位打者を手にした田渕の健闘も光った。ＭＶＰは打率二位の主将・渡邉貴が獲得した。

試合後の整列とスタンドへの挨拶を終えた国学大ナインは、一塁側ベンチ前で輪をつくり、胴上げの準備を始めた。スタンドの応援団からも「鳥山！」「鳥山！」のコールが湧き起きる。

だが、鳥山監督は言った。「胴上げはやめよう。必死に戦った相手に失礼だ。その代わり、全員で抱き合おう」。報道陣のフラッシュのなか、ナインは喜びを爆発させながら、お互いの体をぶつけ合った。

「八〇年？　たまたまこの場に僕が居合わせたんです。竹田先生が種をまき、開いた花を僕は摘んだだけ」と就任三ヵ月目の優勝を謙虚に振り返った三五歳の青年監督は「すべては通過点。帰ったら、来春のリーグ戦の準備をします」と早くも次のシーズンに思いを馳せていた。

翌二〇一一年春、国学大は五勝九敗、勝ち点一で最下位に沈み、入替戦でも吉田一将（青森山田、オリックス）の日大に連敗。優勝から一気に二部降格の悪夢を味わう。

だが、二〇一二年秋、杉浦稔大《としひろ》（帯広大谷、ヤクルト、日本ハム）を新エースに一部復帰をはたしてからは、二〇二一年に春秋連覇、翌二二年秋にも四度目の優勝を成し遂げるなど、安定した成績を残している。

2024年のルーキーイヤーにパ・リーグ新人王となった西武の武内夏暉投手

柴田竜拓《たつひろ》（岡山理大付、ＤｅＮＡ）、山﨑剛（日章学園、楽天）、清水昇（帝京、ヤクルト）、吉村貢司郎《こうじろう》（日大豊山、ヤクルト）、小川龍成《りゅうせい》（前橋育英、ロッテ）、福永奨《しょう》（横浜、オリックス）、武内夏暉（八幡南、西武）ら近年プロで活躍するＯＢも増えてきた。

⑮二〇二二年春・入替戦《日大・東洋大・立正大》
日本大学、二校相手に連勝し、最短決着で巴戦を制す

世界的流行の新型コロナウイルス対策を強いられた結果

入替戦は最少でも二試合行われ、二敗したチームが降格、または残留（昇格できず）となる。だが、二〇二一年春の一、二部入替戦は、三チームによる巴戦が最短の二試合で決着したことから、東洋大、立正大の二校がともに一敗しただけで揃って二部に降格するという珍事となった。

この両校を連破し、四年ぶりに一部復帰をはたした日大は、最速一五二キロ右腕・赤星優志《あかほしゆうじ》（日大鶴ヶ丘、巨人）を大黒柱とする投手陣が踏ん張り、二試合とも少ないチャンスを生かして一点差で逃げ切る「負けない野球」で、二校相手のサバイバル戦を制した。

話は前年の二〇二〇年に遡る。

新型コロナウイルスの世界的流行により、東都は春のリーグ戦が中止になった。秋は各チーム

二回戦総当たり制でリーグ戦を開催することが決まる。

一位が勝利数で並んだ場合は、当該校同士の対戦成績で上回る大学を優勝とし、一勝一敗など対戦成績が等しい場合は、一試合優勝決定戦を行う。また、二位以下で勝利数が並んだチームがあった場合は、同順位とすることになった。

そして、入替戦については、コロナの影響で出場辞退する大学があった場合、入替戦にも出場できないまま自動降格となる不利益も想定されたことから、行わないことを決めた。

その一方で、下部リーグに昇格の望みがない事態を避けるため、二～四部の各優勝校が自動昇格する救済措置もとられた。

二部は青学大、三部は東農大、四部は一橋大が優勝し、それぞれ一～三部への昇格を決めた。

連日力投し、4年ぶり1部復帰の立役者となった日大・赤星

この結果、翌二〇二一年春のリーグ戦では、一部が七校、二、三部が六校、四部が二校で開催され、シーズン後の入替戦も、リーグの下位二校と下部リーグの優勝校の三校による巴戦形式になった。なお、このシーズンからタイブレーク制も導入されている。

特例の入替戦なしで昇格した青学大が一年生・佐々木の活躍で旋風起こす

七校によるリーグ戦（前年秋同様、各チーム二回戦総当たり制）で三月二九日に開幕した一部は、第三週を終わって、中大が六戦全勝でトップ、亜大と青学大が三勝三敗、国学大と東洋大が二勝二敗、駒大が一勝三敗、立正大が一勝五敗で続いていた。

青学大は二〇一五年春に二部降格後、一九年までの一〇シーズンで優勝は一六年春（入替戦で中大に一勝二敗で敗退）の一度だけと苦闘を続けていたが、前年秋に四年ぶりに優勝し、自動昇格で七年ぶりに一部復帰。打線の強化が課題だったが、シーズン開幕後、一年生ながら五番に抜擢された佐々木泰《たい》（県岐阜商、広島）が、立正大戦で起死回生の逆転二ランを含む二試合連続本塁打を記録し（最終的に打率三割七分一厘、四本塁打）、〝旋風〟の立役者となった。

青学大はその後、一部に定着し、二〇二三年から四季連続優勝を実現することになる。自動昇格からの一連の流れは、幸運なめぐり合わせと言えなくもない。逆説的に言えば、一部のチームと実力で拮抗する二部を制し、なおかつ、入替戦で勝つことの難しさを心底痛感させられる。

独走する中大にストップをかけたのが、東洋大だった。

四月二〇日の第四週一回戦では、初回に四番・小口仁太郎（智弁学園）のタイムリーで、二試合連続完封の皆川喬涼《きょうすけ》（前橋育英）から得点すると、二、三回にも一点ずつを加え、一点を返された直後の五回には橋本吏功《りく》（花咲徳栄）の満塁ランニングホームランで試合を決める。投げては、エース・松澤海渡《かいと》（帝京）が七回二失点に抑え、一〇対二と大勝した。

逆転優勝も狙える好位置からまさかの六連敗で入替戦に回った東洋大

東洋大は翌二一日の二回戦でも、二年生左腕・細野晴希（東亜学園、日本ハム）が四度にわたって牽制球で走者を刺すなど、三安打一四奪三振の力投で、大学初勝利を一対〇の完封で飾った。

中大に連勝し、四勝二敗で国学大と同率の二位に浮上。残り三カードの結果いかんでは、逆転優勝の望みもあった。だが、第五週で優勝争いのライバル・国学大に一対八、七対八と連敗すると、急失速。第六週でも亜大に一対四、五対六と連敗し、四勝六敗と苦しくなった。

東洋大が入替戦を回避するには、最終週の駒大戦で一勝するのが条件だった。

第六週終了時に三勝七敗の駒大は、一敗すれば、勝率で東洋大を上回ることができなくなる。

五月一〇日の一回戦、先手必勝を狙った東洋大は、初回に小口の三塁打などで幸先良く二点を先制する。

ところが、先発・細野が、四回に打球を左手甲に受けるアクシデントで降板。ここから流れが変わり、六回に追いつかれると、二対二のままタイブレークの延長戦に突入した。

一〇回に犠飛と佐々木俊輔（帝京、巨人）のタイムリーで二点を勝ち越した東洋大だったが、その裏、六回途中からリリーフした松澤が一死二、三塁から与倉良介（向上）、鵜飼航丞《こうすけ》（中京大中京、中日）の三、四番に連続タイムリーを許し、四対五と逆転サヨナラ負け。これ以上負けるわけにいかない駒大も、何とか連勝して入替戦を回避しようと必死だった。

そして、五月一四日の二回戦、東洋大は投手陣が四回までに八失点。左手甲打撲の影響で五〇～六〇球程度しか投げられない〝キーマン〟細野につなぐ前に大勢が決してしまう。

五回途中からリリーフした細野も、鵜飼に不運な右前タイムリーを許して失点。最終戦で防御率一位の座を明け渡した。

打線も全一二試合に登板した駒大のタフネスエース・福山優希（八戸学院光星）に四回以降パーフェクトに抑えられ、二対一一と大敗。

四勝二敗からまさかの六連敗で七校中六位に沈み、同じ四勝八敗ながら総失点差で最下位の立正大とともに、入替戦に回ることになった。

悔しさバネに飛躍した日大エースと、「つらい思いをしていない」甘さが危惧された立正大

前年秋は七勝三敗で二位だった立正大も、糸川亮太（川之江、西武）、立松由宇（藤代、ロッテ）ら投打の主力が抜け、戦力ダウン。開幕から四連敗とつまずくと、その後も二勝四敗と黒星先行

し、早々と入替戦出場が決定していた。

最終カードの亜大戦では、「入替戦を意識して戦った。連勝しないと一部に残れない」（桂川弘《ひろ》貴《き》主将＝桐光学園）と強い思いを持って臨み、目標どおり、連勝できたのがせめてもの救いだった。

二〇一八年秋に九年ぶり二度目の優勝を実現し、明治神宮大会でもチームを九年ぶり二度目の日本一に導いた坂田精二郎監督（淞南学園、現松本国際高監督）は「今の四年生は一年のとき（秋季リーグ）に優勝して、つらい思いをしていない。リーグ戦がスタートした頃は、チームとしても指導者としても甘さがあったかもしれない。（入替戦は）何とかなるではなく、やるしかない」と必勝を期した。

一方、二部では、リーグ創設以来の古豪・日大が片岡昭吾新監督（宇都宮学園　片岡治大《やすゆき》〈西武、巨人〉の兄）の下、三引き分け（二部は九回打ち切り。引き分けの場合は〇・五勝、〇・五敗で計算）を挟んで四勝一敗と勝ちを重ね、五月二五日から五勝一敗二分の首位・専大と優勝をかけて激突した。

二五日の一回戦は、エース・赤星優志が専大の最速一五〇キロ右腕・菊地吏玖《りく》（札幌大谷、ロッテ）と八回まで〇対〇の投手戦を演じ、九回表、二年生の代打・小濃《おのう》塁（仙台育英）の決勝ソロで一対〇と逃げ切った。

翌二六日の二回戦は、三回表まで〇対四とリードを許したが、その裏、三番・峯村貴希（木更津総合）のタイムリーなどで連投の菊地を攻略して二点を返すと、五回に野村昇太郎（二松学舎大付）の犠飛で一点差に詰め寄ったあと、七回途中から赤星がリリーフ。九回一死満塁、野村の押し出し死球で四対四の引き分けに持ち込み、勝率差で二〇一八年春以来一四度目の優勝を決めた。

前年秋は最後まで青学大と優勝を争いながら、最終戦の専大戦で赤星が五回途中五失点と打ち込まれ、無念のV逸。その悔しさをバネに、専大との天王山の一戦を先発、リリーフで連勝し、MVPに輝いた赤星は「序盤にリードされたのを追いついたのは自信になる。これを生かして入替戦を戦いたい」と次なる目標・一部昇格に決意を新たにした。

日大が東洋大、立正大に連勝し、最短決着で四年ぶりの一部復帰

入替戦は、タイブレークなしの延長一五回制、引き分けの場合は〇・五勝、〇・五敗で計算する方式で行われた。

東洋大・細野、日大・赤星の両先発で始まった六月二一日の第一戦、二校相手に連勝で一部残留を狙った東洋大は初回、松本渉《しょう》（龍谷大平安）、瀬川航騎（聖光学院）の一、二番が連打で出塁し、送りバントなどで二死二、三塁のチャンスに、五番・木村翔大（霞ヶ浦）が三塁内野安打を放ち、三本の内野安打で一点を先制した。

これに対し、日大も二回、池田章人（長野日大）がエラーで出塁したあと、七番・林拓馬（大垣日大）が「完璧な感触」の二ランを放ち、二対一と逆転した。

その後は細野、赤星の投手戦となり、両チームともゼロ行進。「リーグ戦と同じ。不安もなく集中できた」という赤星が六安打八奪三振無四球で一失点完投し、一部復帰に王手をかけた。

細野の被安打五、奪三振八、自責点一の好投も報われず、二部降格のピンチを迎えた杉本泰彦監督（日和佐）は「こちらの力不足もあるが、素晴らしいピッチングをされた」と赤星に三回以降内野安打一本に抑えられたことを悔やんだ。

だが、立正大が日大に勝てば、敗者復活の可能性もあった。

翌二二日、立正大はリーグ戦で先発、リリーフと九試合にフル回転したエース・田中裕人（取手二）が先発。これに対し、日大はリーグ戦で二勝を挙げた左腕・市川陸《りく》（二松学舎大付）ではなく、四試合にリリーフした最速一五一キロの三年生右腕・杉本幸基（大垣日大）がマウンドに上がった。リーグ戦終了後の練習試合で先発して好投したことが片岡監督に認められての抜擢だった。

杉本は二回二死一塁、比留間海斗（日大三）に左越え先制二ランを被弾するが、三回以降は追加点を許さず、六回一死まで四安打二失点と試合を作った。

二点を追う日大は、四回に三番・峯村死球、四番・小濃中前安打、五番・高垣広大《こうだい》（山梨学院

2021年春入替戦　史上初の巴戦は最短決着で日大が１部復帰

第１戦（６月21日）

	1	2	3	4	5	6	7	8	9	
東洋大	1	0	0	0	0	0	0	0	0	1
日大	0	2	0	0	0	0	0	0	×	2

●細野―後藤聖
○赤星―友田
本塁打＝林（日）

第２戦（６月22日）　延長13回

	1	2	3	4	5	6	7	8	9	10	11	12	13	
日大	0	0	0	1	0	0	0	1	0	0	0	0	1	3
立正大	0	2	0	0	0	0	0	0	0	0	0	0	0	2

杉本、市川、○赤星―友田
田中裕、山本、●門馬―中嶋
本塁打＝比留間（立）

大付）四球で無死満塁とし、一死後、前日のヒーロー・林の犠飛で一点を返す。

六回から杉本をリリーフした市川も「いいリズムで投げられた」とスコアボードにゼロを並べ、一点ビハインドを保ち続ける。

好継投で流れを引き寄せた日大は八回、峯村の中前安打と二盗で二死二塁とチャンスを広げると、代打・若宮颯《はやて》（星稜）の飛球が前進守備の右翼手の頭上を越え、二対二の同点。レギュラーを外れた悔しさをバネに意地の三塁打を放った若宮は、ベース上で歓喜のガッツポーズを見せた。

立正大も八回途中から二〇一七年夏の甲子園準優勝左腕・山本雅也（広陵）

がリリーフ。若宮に同点タイムリーを許したものの、なおも二死三塁のピンチで後続を断ち、追加点を許さない。

試合は延長戦に突入し、日大は六イニングをゼロに抑えた市川に代わって一二回一死から赤星が連投のマウンドへ。勝負どころで投入されたエースは、「（二部の）リーグ戦のグラウンド（等々力球場、大田スタジアムなど）とは違って、やはり神宮球場は大学の応援の声が聞こえて、またたくさんの観客がいて、投げて気持ちが入りました」と気迫を全開にし、併殺でピンチを切り抜ける。

そして一三回、日大は四球の川畑光平（春日部共栄）を若宮が送り、三番手・門馬《もんま》亮（藤岡中央）の暴投に乗じて一死三塁としたあと、前日から計三打点を挙げている〝ラッキーボーイ〟林がファウルで粘り、緩い遊ゴロを転がした。直後、ギャンブルスタートを切っていた三塁走者・川畑がスライディングで勝ち越しのホームイン。一六二センチ、六二キロと小柄ながら、人一倍の努力で四年目にベンチ入りをはたした苦労人の一世一代の激走だった。

その裏の立正大の攻撃を赤星がゼロに抑え、二校相手の連勝で四年ぶりの一部復帰を実現。入替戦直前に神宮球場を借りて三時間の全体練習を行い、主力投手全員にマウンドの高さや硬さに慣れさせたことが、三投手の必勝リレーにつながった。

就任わずか半年足らずで目標を達成した片岡監督は「厳しい練習をやってきたが、それが結びついてホッとしています」と語り、「秋に一部優勝。明治神宮大会で日本一」を次なる目標に掲げた。

一方、一敗しただけで無念の二部降格となった坂田監督は「ノーアウトからランナーを出すことができず、四球も少なかった。入替戦に向け、やることはやってきたが、技術も気持ちも日大が上回っていた。鉄は熱いうちに打てではないが、この悔しさを、すぐに夏に向けて生かしたい。（秋は）すぐ（一部に）上がるしかない」と、東洋大とともに雪辱を誓った。

入替戦中止に泣いた二〇二一年秋の下部リーグ優勝校

だが、その機会は、コロナ禍によって奪われてしまう。デルタ株の拡大により、六月下旬から始まった第五波は、東京五輪強行開催後の八月二〇日に全国で過去最多となる二万五八六八人の新規感染者を記録。

東都加盟校でも、東洋大、専大、拓大などがコロナ感染の影響で活動を休止したことを受け、秋は部員の健康第一と公平性を理由に、入替戦は行われないことになった。

「入替戦は東都の看板だが、コロナで練習ができていないところもあった。入替戦があると無理に出たり、それによって不公平が生じるという議論もあって、入替戦なしを決定した」（大島正克理事長）。

また、前年秋に実施された自動昇格も、「春は、（コロナが）それほど若い世代に影響がある状況ではなかったので、七校でやっていける見込みだった。最近は学生がかなりかかっている。状況が変わったという認識のもとでの判断です」（大島理事長）という理由から行われないことになった。下部優勝校に昇格のチャンスのないシーズンは、連盟側も「おそらく過去にはない」とした。

結果として、翌二〇二二年春は、三年ぶりに勝ち点制が復活し、通常どおりリーグ戦が行われたが、二〇二一年夏の時点では、今後コロナ禍がどこまで拡大するか予測がつかず、このシーズンに限り、下部リーグの優勝校はめぐり合わせの不運に泣くことになった（二部は拓大、三部は大正大、四部は東工大＝現科学大＝が優勝）。

一敗しただけで二部降格の悲哀を味わった東洋大、立正大の両校も、その後は苦闘の日々が続いた。

東洋大は二〇二二年春に中大との入替戦で先勝しながら一勝二敗で敗退。翌二〇二三年秋に駒大を破り、一部復帰をはたすも、一シーズンで降格という試練を経て、二〇二五年春から再び一部に復帰した。

立正大も坂田監督が二〇二二年三月に退任。二部でもBクラスにとどまるシーズンが相次ぎ、二〇二四年春には三部との入替戦にも出場した。

同年秋、元中日・金剛《こんごう》弘樹監督（帝京、中日）の下、勝ち点三で四季ぶりAクラス（三位）入り。

両校ともに二〇二五年以降の巻き返しが期待される。

⑯二〇二二年春・入替戦《中大対東洋大》
中大と東洋大のいちばん長い日

一五〇キロ超の剛腕同士が激突し、ダイナミックな投手戦を競演

二〇二二年の春季リーグ戦は、青学大、日大、中大による史上初の三チームによる最下位決定戦(四〜六位決定戦)が一勝一敗の同率となり、二度目のプレーオフに突入するという大混戦の末、中大の最下位が決まった。

そして、中大と二部優勝校・東洋大との入替戦も、一勝一敗で迎えた三回戦では、最速一五〇キロ超の剛腕同士、西舘勇陽(花巻東、巨人)と細野晴希(東亜学園、日本ハム)がダイナミックな投手戦を繰り広げ、最後の最後まで勝負の行方がわからない、入替戦史に残る名勝負となった。

下位三チームが同率で並び、リーグ史上初の最下位決定巴戦へ

コロナ禍の影響で三シーズンにわたって二回戦総当たり戦が行われていた東都は、二〇二二年春から従来の勝ち点制が復活。一勝一敗で打ち切られていた対戦が勝ち点という形で決着をつけられることによって、順位争いも白熱化した。

四月二日、大分県大分市の別大興産スタジアム（大洲総合運動公園）でリーグ史上初の地方開催の開幕戦が行われ、三季連続Ｖを狙う国学大とともに、青学大、亜大が初勝ち点を挙げた。

各チームは四月までに四カードを消化し、亜大が八勝三敗、勝ち点四で最終カードを待たずにＶ決定。次いで六勝四敗、勝ち点二の国学大が二位につけていたが、三位以下は青学大と中大が五勝五敗、勝ち点二、駒大が四勝七敗、勝ち点二、日大が三勝七敗、勝ち点一と団子レース状態で、四校のいずれにも最下位の可能性があった。

そして、五月の最終カードで、駒大が国学大に連勝し、三位に浮上したのに対し、青学大は亜大、中大は日大に連敗し、青学大、中大、日大の三校が五勝七敗、勝ち点二の同率四位で並んだ。

この結果、五月二四日に青学大対日大、同二五日に中大対日大、同二六日に青学大対中大の組み合わせで（日大が連敗した場合は二五日に決着）、巴戦による最下位決定戦（プレーオフ）が行わ

れることになった。

　これまで東都一部では、二〇〇六年春の駒大対立正大、二〇一一年秋の駒大対中大、二〇一四年春の中大対青学大など、同率の二校による最下位決定戦が行われたことはあったが、三校によって四～六位が決められるのは、史上初だった。

　まず五月二四日の第一戦は、青学大が〝日大キラー〟の左腕・北村智紀（龍谷大平安）の七回一失点の好投で三対一の勝利。最下位争いから一歩脱け出した。

　連敗すれば最下位が決まる日大は、翌二五日の中大戦で六回に一点を勝ち越されたが、七回に内野安打と犠打で一死二塁のチャンスをつくると、代わった西舘勇陽から野村昇太郎（二松学舎大付）の三塁打、林拓馬（大垣日大）の二塁打と長打攻勢で逆転。五対四で逃げ切った。日大はリーグ戦から中大に無傷の三連勝と相性が良かった。

　あとがなくなった中大は、五月二六日の青学大戦も二回に一点を先行されたが、その裏、四番・森下翔太（東海大相模、阪神）の四球を足場に一死二、三塁とチャンスを広げ、石井巧（作新学院　日本ハム・石井一成《かずなり》〈作新学院、早大〉の弟）のタイムリーとスクイズで逆転。なおも一死満塁で繁永晟《しげながあきら》（大阪桐蔭）の右越え三点三塁打と北村恵吾《けいご》（近江、ヤクルト）の左越え二ランで五点を追加し、序盤で試合を決めた。青学大も三回に四点、四点差の九回にも一点を返したが、二回の七失点が大き過ぎた。

最下位が決まらず、上尾で二度目の巴戦という異例の事態

この結果、三校ともに一勝一敗となり、六月一日から二部リーグも使用するUDトラックス上尾スタジアムで再びプレーオフが行われることになった。

二部リーグでは五月一九日に東洋大が最終カードを待たずに優勝を決めたのに、六月の声を聞いても一部の最下位がまだ決まらないという異例の事態。

二度目の巴戦でも三校が一勝一敗で並ぶ可能性が十分考えられることから、その場合は、①総失点が少ないチームを上位とする、②得失点率差が大きいチームを上位とする、③チームの自責点率が小さいチームを上位とする、④チーム打率が高いチームを上位とする、⑤コイントス（抽選）の順番で最下位チームを決定することになった。

六月一日の第一戦は、序盤に三点を先行した青学大が、前回に続いて北村の好投で六対三と逃げ切り、再び最下位争いから浮上した。

だが、翌二日の第二戦は、日大が中大に四対二で競り勝ち、再び最下位転落を阻止する。

前年まで四年間本塁を守ってきた正捕手・古賀悠斗（福岡大大濠、西武）が抜けた中大は、リーグ戦では五人の捕手を交代で起用するなど、なかなか後継捕手を固定できず、経験不足の弱点を露呈。中でも俊足の選手を揃え、積極的な〝足攻〟でミスを誘ってくる日大には分が悪く、つ

いにリーグ戦から四連敗となった。

そして、六月三日の第三戦、崖っぷちに追い詰められた中大は、青学大に勝つだけではなく、二点差以上での勝利という条件もクリアする必要があった。

この時点での総失点数は中大と日大が一五、青学大が一三。日大の一五は確定しているので、中大は二点差の勝利なら得失点率計算での順位決定、三点差以上の勝利なら総失点数で最下位回避となる。

たとえ試合に勝っても、一点差なら総失点の差で最下位が決まるという厳しい状況の中大は、三回に繁永、中前祐也（浦和学院）のタイムリーなどで幸先良く三点を先制。先発・岩本大地（石岡一）も四回に犠飛で一点を失ったものの、六回まで三対一と二点リードを守り、七回からリリーフエース・西舘にスイッチ。ここまでは理想的な展開だった。

だが、西舘は「これ以上点を与えてはいけない」と意識し過ぎたのか、二長短打で二死二、三塁のピンチを招くと、中島大輔（龍谷大平安、楽天）に中越え二点二塁打を浴びて、三対三の同点。さらに九回にも中島のタイムリー二塁打などで二点を勝ち越された。

四回以降、リリーフ・下村海翔（九州国際大付、阪神）を攻めあぐねていた中大は九回裏、二死一、三塁と最後の粘りを見せるが、北村が遊飛に倒れ、ゲームセット。二〇一八年秋以来の最下位が決まった。

あくまで仮定の話だが、もし九回に北村が出塁し、次打者・森下が本塁打を打つなど二点差以上の逆転サヨナラ劇で中大が勝ち、再び三校が一勝一敗で並んだ場合、青学大は総失点数、または得失点率差で最下位になる可能性もあった。二点リードの青学大は勝利まであと一人だったとはいえ、野球は何が起きるかわからない。万一のリスクを防ぐために、連続申告敬遠による三連続押し出しを敢行して、五対六と一点差のサヨナラ負けを創出することによって、総失点数で上位になる〝裏技〟も、ルール上可能だった。

試合後、青学大・安藤寧則《やすのり》監督（岡山大安寺）も報道陣の質問に対し、「当然（想定）していました。勝ち切ってくれたので良かった。（もう）一人（走者が）出たら、その（申告敬遠を連発する）つもりでいた。これはしょうがない。（どの大学も）同じだと思います。たまたまウチがそうでしたけど」と打ち明けている。

結果的に事なきを得たが、申告敬遠連発で最下位を回避することも可能という〝ルールの盲点〟が明らかになったことは、今後の順位決定方式に大きな一石を投じた。暴投や打者が敬遠球を打ってしまうなどのアクシデントなしで、打者を安全に一塁に歩かせることができる新ルールが、野球のあり方を変えたとも言える。

右足に打球直撃後、気力の続投も、満塁本塁打に沈んだ初先発右腕

入替戦の相手・東洋大は、最速一五四キロ左腕・細野晴希と松澤海渡（帝京）のエース両輪に

加え、小口仁太郎（智弁学園）、石上泰輝《たいき》（徳島商、ＤｅＮＡ）、橋本吏功（花咲徳栄）ら好打者がズラリと並び、春のリーグ戦を一〇勝二敗、勝ち点五の完全優勝。「秋に一部復帰して優勝」を目標にしており、一部でも上位を狙える力があるとみられていた。

中大は前年春の一部リーグ戦で、松澤、細野を打てず、東洋大にいいところなく連敗しており、苦戦は必至だった。

六月二〇日の入替戦一回戦、東洋大は予想どおり、細野が先発。中大は西舘が公式戦初先発のマウンドに上がった。

西舘はリーグ戦でも最長八イニングのロングリリーフをこなしていたが、入替戦初戦で先発というのは、思い切った起用だった。

中大は前年秋に二完封を記録し、最優秀防御率に輝いた石田裕太郎（静清、ＤｅＮＡ）が他校に研究されて、春のリーグ戦で〇勝二敗、防御率四・一七と不調に終わり、プレーオフでも三試合で九失点と打ち込まれていた。加えて、前年リリーフで活躍した大栄陽斗《おおさかえあきと》（仙台育英）も故障離脱中。これらの事情から、投手陣の中で最も安定している西舘の右腕にチームの命運を託す選択になったようだ。

初回に四球と安打で一死一、三塁のピンチを招いた西舘だったが、一年生捕手・綱川真之佑《しんのすけ》（健大高崎）が二盗を阻止して好アシスト。四番・小口を三振に打ち取ってピンチを切り抜けると、その後は四回までゼロに抑える。細野も五回に自己最速を更新する一五五キロを計測するなど、互角の投手戦となった。

だが、〇対〇の五回、西舘を思わぬアクシデントが襲う。

細野を上回る七三振を奪った西舘だったが、五回一死から後藤聖基《まさき》（京都学園）に左中間二塁打を許したあと、次打者・橋本の鋭い打球が右足すね付近を直撃する。はね返った打球が右前に抜ける間に一点を失った。

入替戦で激突した両剛腕、東洋大・細野と中大・西館

西舘はベンチに下がって治療を受け、再びマウンドに戻ったが、負傷の影響からか、松本渉（龍谷大平安）に四球、水谷祥平《しょうへい》（同）に死球と制球がままならない。さらに一死満塁から三番・石上泰に初球を右翼席に運ばれ、ついに降板。この五失点で試合の大勢は決まった。

中大は七回に細野の制球の乱れに乗じて綱川の二塁打と連続四球で一死満塁とし、代わった一條力真《りきま》（常総学院、ロッテ）から押し出し四球と暴投で二点を返すが、その裏に三点を失うなど、悪い流れを変えられないまま、四対八で敗れた。

初戦を制した東洋大・杉本泰彦監督は「（石上泰の）満塁本塁打は〝交通事故〟です」と冗談めかしながらも、「西舘君の球は三回くらいまでは打てるわけがないと想定していた。ただ、四球はそこそこ頂けると思っていたし、追い込まれてもファウルで粘って球数を稼げと指示していた。選手たちがそのとおりにやってくれました」と振り返った。

必勝祈願の〝五厘刈り〟で臨んだ主将が気合の決勝二ラン

翌二一日の二回戦、三季ぶりの一部復帰に王手をかけた東洋大は、一回に小口の左越え二塁打で一点を先制したが、中大もその裏二死三塁、森下が東洋大の先発・松澤から右越え二塁打を放ち同点。直後、四番・北村も左越え二ランで続き、三対一と一気に逆転した。

主将の北村は「（連敗して）後悔したくなかった。最後にできることは、言葉ではなく、チームメイトに行動で気合の入った姿を見せることだと思った」と上級生のチームメイトたちと五厘刈りになって試合に臨んでいた。

二〇一八年春の入替戦でも、中大は初戦で日大にサヨナラ負けしたあと、吉田叡生《としき》主将（佐野日大）が心機一転自ら丸刈りになってチームを引っ張り、連勝で一部残留に導いていた。四年前

五厘刈りで試合に臨んだ中大の選手たち(前列左端が北村主将)

に逆転で一部残留を決めた先輩の前例にあやかった形だが、〝五厘刈り効果〟は絶大だった。

北村は三回にも左前タイムリーを放ち、一挙五得点のビッグイニングに貢献。投げてはこれまで不調だった先発・石田が一〇安打されながらも七回を自責点一に抑える粘投で、試合を作った。

東洋大も八点ビハインドの八回に中大のリリーフ陣に五長短打を浴びせて四点を返したが、反撃もここまで。

中大はその裏に三長短打でダメ押しの二点を追加し、一三対七の大勝で一勝一敗のタイに持ち込んだ。

勝利へのあくなき執念でチームを乗せた北村主将は「『何としても一部に残るぞ』という、強い気持ちを出し続けて。最後は自分たちが勝って、笑って泣いて終わりたい」と三回戦も必勝を期した。

同点直後のサヨナラ安打の幕切れに勝者も敗者も崩れ落ちた

そして、六月二二日、〝運命〟の三回戦は、再び西舘、細野の剛腕対決となった。

一回表、西舘は先頭の松本渉に左翼線に打たれ、レフトが処理にもたつく間に一挙三進を許してしまう。一死後、二日前に満塁本塁打を打たれた石上泰に初球を右前に運ばれ、一点を先制された。

だが、二回以降は立ち直り、最速一五二キロを計測するなど、ストライク先行の理想的な投球でスコアボードにゼロを並べていく。

一方、細野も一歩も譲らず、一五〇キロ台の速球とコーナーに決まるスライダーで五回まで中大打線をわずか二安打七奪三振と翻弄。「体が重く感じた」七回に連続四球で二死一、二塁のピンチを招くが、気力で後続を断ち切った。

そして、八回から制球が乱れはじめた細野に代わって河北将太《かわきた》（浦和学院）がマウンドへ。一部在籍時から中大打線とは相性が良く、この日も三者凡退で一点リードを堅持。

西舘も九回まで四安打一一奪三振の一失点に抑え、一対〇のまま九回裏、中大最後の攻撃を迎えた。

東洋大の勝利、一部復帰まであと三人。だが、河北は、自軍スタンドが沸き返っているのを「まだ勝っていないのに、この盛り上がり方は危ない」と意識して制球が定まらなくなり、連続四球で無死一、二塁。後に河北は「そこで（自軍の大歓声に）乗っちゃったほうが、良かったのかもしれない」と振り返っている。

直後、一年生右腕・島田舜也（木更津総合）がリリーフしたが、走者二人を背負い、リードはわずか一点。プレッシャーは相当のものだったはずだ。

一方、四番ながら送りバントの指示を受けた北村は「チーム全員で勝ちたかったので。後ろの打者に託そうと、その思いだけを持って打席に入った」と脇役に徹し、初球をうまく三塁線に転がした。マウンドからダッシュして処理した島田だったが、一塁への送球がショートバウンドになり、後方に抜ける間に二塁走者・中前祐也（浦和学院）が同点のホームイン。

なおも無死一、三塁の一打サヨナラの場面で五番・石井巧が打席に立った。

スクイズを警戒した東洋大バッテリーは、二球続けて外角にウエストしたが、「（自分が）決めてやるぞ」と勝負球を待っていた石井は反応しない。三球目は一転して内角をえぐり、石井はのけぞって避けたが、球審の判定はストライク。四球目は真ん中低め。バットを出しかけて止めた石井はストライクを取られ、カウント二―二となった。

「あの打席は無心というか、ベンチの声も、スタンドからの声もしっかり聞こえた」と冷静だった石井は、五球目を三塁線にファウルしたあと、島田の六球目、外角球にバットを合わせると、打球はダイビングキャッチを試みた前進守備のセカンド・宮下朝陽《あさひ》（北海）の左を抜け、中前へ。三塁走者・森下はサヨナラのホームを踏んだ直後、「ホッとして崩れ落ちました」とその場にうずくまり、試合終了の整列直前まで起き上がれなかった。

高二の夏以来となる人生二度目のサヨナラ打を放った石井も「しょぼい打球になってしまったんですけど、気持ちで抜けてくれました。みんなが打たせてくれたヒットです」と感極まり、一塁を回ったところで思わずうずくまった。その背中目がけて歓喜の中大ナインが殺到する。その横では東洋大の一塁手・小口主将が「自分たちの力不足で。そして、自分の力不足で負けた」と泣き崩れ、両者の明暗が浮き彫りになった。

そのコントラストは、「絶対に勝つ」の思いが真っ向からぶつかり合い、両チームが力の限りを尽くして戦っていたことを物語っていた。数ある入替戦の中でも、屈指の名勝負と呼ぶにふさわしい熱闘だった。

二度にわたるプレーオフと入替戦初戦の敗戦と九死に一生を得て一部残留を決めた清水達也監督は「本来でしたら、この（入替戦の）場に選手を立たせてはいけないですけども。指導の仕方が良くないのかなとも思った。それでも、最後にこいつらが成長してくれたことが僕としては本当にうれしいです」と涙ながらに語った。

一方、勝利目前から思いもよらぬ暗転劇を味わった杉本監督は「初回に一点取って、そこから追加点が取れなかったっていうのと、やっぱり最後（九回）……」と反省しつつも、「本当に選

2022年春入替戦　西舘VS細野の投げ合い

1回戦（6月20日）

	1	2	3	4	5	6	7	8	9	
中大	0	0	0	0	0	0	2	0	2	4
東洋大	0	0	0	0	5	0	3	0	×	8

●西舘、三奈木、岩本、種橋―綱川
○細野、一條、河北、羽田野、島田―後藤聖
本塁打＝石上泰（洋）

2回戦（6月21日）

	1	2	3	4	5	6	7	8	9	
東洋大	1	0	0	0	0	2	0	4	0	7
中大	3	0	5	2	0	1	0	2	×	13

●松澤、渡邉、柿本、石上祐、一條、河北―後藤聖、広岡
○石田裕、三奈木、岩本―綱川
本塁打＝北村（中）

3回戦（6月22日）

	1	2	3	4	5	6	7	8	9	
東洋大	1	0	0	0	0	0	0	0	0	1
中大	0	0	0	0	0	0	0	0	2×	2

細野、●河北、島田―後藤聖
○西舘―綱川、村高

手は精一杯やったと思います」と最後まで全力でプレーしたナインをたたえた。

　チームの浮沈のかかった入替戦三回戦で、大学初完投勝利を記録した西舘は、秋のリーグ戦では五勝を挙げてベストナイン初受賞と、リーグを

代表する大エースに成長。勝てば天国、負ければ地獄の修羅場を苦闘の末勝ち上がった貴重な経験が、野球人生を大きく切り拓いた。

また、秋は春に最下位を争った三校のうち、青学大と中大がリーグ戦最終日まで国学大と三校で熾烈な優勝争いを演じている（国学大が亜大に連勝し、逆転V）。

⑰ 二〇二三年春・秋、二〇二四年春　入替戦
東京農業大学、史上初の二季連続〝下剋上〟

リーグ史に残るミラクルチームの軌跡

入替戦で敗れ、下部リーグに降格したチームが一シーズンで復帰した例は枚挙にいとまがない。

だが、二部から三部に降格したあと、一シーズンで二部に復帰したばかりでなく、次のシーズンで一部昇格を実現したのは、長い東都の歴史の中でも、二〇二三〜二四年の東農大だけだ。

三季連続の入替戦を経て、降格↓昇格↓昇格とリーグ史上初の快挙を成し遂げたミラクルチー

ムの軌跡を再現する。

リーグ発足時から三強に押され、苦難の道を歩んできた伝統校

東京農業大学は東都リーグが発足した一九三一年春に加盟。専大、中大、日大、国学大とともにリーグ創設以来の伝統校になる。

戦前は専大、中大、日大の三校が毎シーズン優勝を争う三強時代にあって、四〜六位と低迷するも（三九年から六チームによるリーグ戦がスタート）、戦後最初のリーグ戦となった四六年春、三勝二敗で三位と初のAクラス入りをはたした。

その後はBクラスが続き、二度の二部降格も経験したが、四季ぶりに一部復帰した六〇年秋は、九勝五敗二分、勝ち点四の好成績で、同率の専大（九勝五敗一分、勝ち点四）との優勝決定戦へ。〇対一で惜敗したものの、部史上初の二位と大健闘。

翌六一年秋にも八勝三敗、勝ち点四で二位になり、この両年が東農大にとって最も輝かしい時期にあたる。

だが、六二年に三度目の二部降格後は、六三年春秋、六四年秋、七五年秋と四度の二部優勝も、一部の壁は厚かった。

この時期に菅原勝矢（鷹巣農林、一年春に三勝を挙げたあと中退し、巨人入団）、広瀬宰《おさむ》（佐伯豊

南、ロッテ、中日、太平洋）、片平晋作（上宮、南海、西武、横浜）らのプロ野球選手を輩出し、松坂大輔を発掘した小倉清一郎《きよいちろう》元横浜高野球部長（横浜）も、二年時の六四年秋に正捕手として専大との入替戦に出場している。

その後、八六年秋に橋本武広（七戸、ダイエー、西武、阪神、ロッテ）、九三年秋に戸栗哲也（白根）を擁して一部復帰をはたしたが、どちらも一シーズンで降格。

一五季ぶりに二部を制した二〇〇〇年秋も、入替戦で阿部慎之助（安田学園、巨人）の中大に二試合とも〇対一で惜敗した。

二〇〇一年以降は、二部優勝からも遠ざかる。

〇八年春は三番・松井佑介（大商大堺、中日、オリックス）が五本塁打、一五打点と活躍し、勝ち点四同士で澤村拓一（佐野日大、巨人、ロッテ、MLB）、井上晴哉（崇徳、ロッテ）の中大と並んだが、最終カードの直接対決で連敗し、惜しくも二位に終わった。

その一方で、〇二年秋と一九年秋の入替戦に敗れ、三部に降格するなど、〇一年からの二二年間で、六位一四度と苦闘の日々が続いた。

だが、二〇二二年春、PL学園時代に一年後輩の桑田真澄（巨人、MLB）、清原和博（西武、巨人、オリックス）とともに夏の甲子園準優勝、亜大四年春に三塁手のベストナインに選ばれた北口正光監督が就任し、「バントの少ない攻撃野球」を浸透させると、チーム打率も上昇。

春は前年秋の立正大と同率の五位から四勝六敗、勝ち点二の五位、秋は接戦を勝ち切る試合も目につき、六勝六敗、勝ち点二の四位と徐々に成績を上げていった。

入替戦初戦勝利も連敗で無念の三部降格、「メンタル的にもっと強くならないと」

翌二三年春も、開幕直後はまずまずの戦いぶりだった。

四月四日の開幕戦、東洋大戦で、細野晴希（東亜学園、日本ハム）から七安打を放ち、延長一〇回タイブレークの末、一対四で惜敗。

翌五日の二回戦も、七回に井口真之介（東農大三）の二点タイムリー二塁打で同点に追いつくも、九回に痛恨のボークで三対四とサヨナラ負け。

連敗スタートとなったが、勝ち点五の完全優勝でシーズンを制し、秋に一部昇格した東洋大相手に二試合とも善戦した。

次の専大戦も、四月一七日の一回戦は、エース・長谷川優也（日本文理）が西舘昂汰（筑陽学園、ヤクルト）と延長一〇回まで〇対〇と互角に投げ合い、一一回タイブレークで三対二と逆転サヨナラ勝ち。

翌一八日も五回に根津康生《こうせい》（中京）の二点タイムリー二塁打など一挙四得点で逆転し、四投手の継投で四対三と逃げ切り。連勝で勝ち点を挙げた。

残り三カードの結果いかんでは、一五年秋以来のAクラス（二位）も十分狙えそうだった。

ところが、三カード目の拓大に連敗で勝ち点を落としてからは、試合終盤に逆転されたり、決勝点を許すなど、歯車がかみ合わないまま、残り試合を一勝六敗一分と負け越し、三勝八敗一分、勝ち点一で最下位に沈んだ。

入替戦の相手は、五季ぶりの二部復帰に燃える大正大だった。

六月二三日の一回戦、東農大は一対一の六回二死二塁、五番・和田泰征《たいせい》（習志野）の二ランで勝ち越し。八回にも藤田翔太（大阪桐蔭）の二塁打などタイムリー三本で三点を加えると、先発・長谷川が七回を被安打五、一一奪三振の二失点、八回からリリーフのドラフト候補右腕・宮里優吾《ゆうわ》（岩倉、ソフトバンク）も二回を二奪三振の無安打無失点に抑え、六対二と快勝した。

初戦の試合内容から見て、二回戦も東農大が連勝して二部残留を決めるかに思われた。

だが、翌二四日の二回戦は、先発・宮里が四回に連続長短打と暴投で一点を失い、七回にも二番手の石原勇斗（関東学園大付属）が二死から九番・津田誠吾（東北）に左越えソロを浴びてしまう。

打線も大正大の先発・棚原幸《こう》（日大三）の低めを丁寧に突く投球にてこずり、七回までわずか二安打。八回に二番手の二〇二〇年夏の埼玉独自大会優勝投手・清水峻介（狭山ヶ丘）に二長短打を浴びせ、一死二、三塁から内野ゴロの間に一点を挙げたものの、なおも二死三塁の同点機を逃し、一対二で敗れた。

そして、一勝一敗で迎えた三回戦も、一点を争う好ゲームとなる。

東農大は一回に四番・菊地希《のぞみ》（横浜隼人）のタイムリー二塁打で先手を取るが、その裏、大正大も四番・大竹隼平（八千代松陰）のタイムリー二塁打ですぐに追いつく。

東農大は直後の二回に古川朋樹（神村学園）の遊撃内野安打と送球エラーで二対一と勝ち越したが、大正大も六回に青木大河（総和工）の左越えソロで追いつき、二対二のまま試合は延長戦タイブレークに突入した。

大正大は一〇回から前日のヒーロー・棚原がリリーフのマウンドへ。棚原はタイブレークの二走者を背負いながらも、要所を締め、二イニングを無失点に抑える。

この好投に何とか報いたい大正大は一一回裏、無死一、二塁から送りバントと申告敬遠で一死満塁としたあと、福岡佑度（中村）の左犠飛で三対二とサヨナラ勝ち。「チーム全員で三部優勝、二部昇格」の目標を達成した。

一方、東農大は二回一死からリリーフし、本塁打の一点に抑えていた長谷川が最後に力尽き、無念の三部降格……。

敗戦が決まった瞬間、守備に就いていたナインは芝の上にひざまずき、ショックのあまり、試合後の整列に加われないものもいた。

北口監督は「力がないということ。メンタル的にもっと強くならないと。この負けにへこたれず、現実を見据えてコツコツやるしかないです」と秋の雪辱を誓った。

「甘くなかった」三部、帝京平成大との激闘を何とか勝ち切って

秋季リーグ戦を前にした八月、学生コーチと主将を兼ねていた森雄輝《かつき》（市船橋）の要望で、入替戦からゲームキャプテンを任されていた三年生の和田が新主将に指名された。

四年生が少なく、主力は三年生が中心。北口監督も「いつも試合に出ていたし、もともとこの学年は楽しみでした。この代で何とか一部に上がれたら」と期待をかけた。

そのためには、秋に三部優勝、翌春に二部優勝して、四年生の秋に一部復帰という最短ルートしかない。

和田主将も「一度しかないチャンスをモノにしよう」とナインを鼓舞した。

そして秋、「一シーズンで一部復帰」を合言葉に三部から再スタートを切った東農大は、九月六日の開幕戦、一橋大戦で五対二と勝利すると、翌七日の二回戦は、五回を除く毎回得点の二〇対〇で大勝。

ラグビー並みの大量得点もさることながら、この日は浦安市運動公園野球場のスコアボード後方の夕焼け空にかかる七色の虹も幻想的ムードを醸し出し、とても印象深かった。

その後、東農大は順天堂大に一敗し、学習院にも一対〇と辛勝するなど、苦戦の末、八勝一敗、勝ち点四で、八戦全勝と開幕以来負け知らずの帝京平成大と優勝をかけて最終週で激突す

る。

一〇月二八日の一回戦は長谷川、宮里の継投で六対〇の完封勝利も、翌二九日の二回戦は最後まで主導権を握れないまま三対五で敗れ、一勝一敗のタイに。

二部昇格を目指しながら、三部で三シーズン目を迎えた帝京平成大も「絶対に負けられない」の気持ちでは、東農大に一歩も引けを取らなかった。

翌三〇日の三回戦も、長谷川が初回に一番・大石高志（市船橋）の二塁打を足場に一死三塁から遊ゴロで一点を先制され、苦しい戦いとなる。

だが、一点を追う五回一死一、二塁、三番・和田の一ゴロが併殺崩れになる間に二塁走者・有馬卓瑠《たくる》（二松学舎大付）が同点のホームを踏み、試合を振り出しに戻す。

その後は両チーム譲らず、一対一で延長戦タイブレークに突入。

一〇回表、東農大は犠打で一死二、三塁とチャンスを広げたあと、暴投で決勝点を挙げ、長谷川が六安打完投で二対一の勝利。三部優勝を決めた。

両チームともにタイムリーがなく、一瞬の隙を突いて得点に結びつけるという、苦しい戦いの末にかち取った優勝。北口監督の「三部も甘くなかったです」の言葉にも実感がこもっていた。

入替戦は、春に敗れた大正大との再戦となった。「再び大正大と戦えるとわかったときは、皆の目の色が変わった」（和田主将）。

だが、一一月一一日の一回戦は、リベンジにかける闘志が空回りする。長谷川が二回三失点で

ＫＯされ、二対七と完敗。それでも、九回に犠飛と四番・江川岳《がく》（千葉黎明）のタイムリーで二点を返し、最後の意地を見せたことが救いだった。

翌一二日の二回戦は、自ら連投を志願した長谷川が五安打七奪三振一失点の好投。一対一の五回に悪送球で勝ち越した一点を守り切り、二対一で一勝一敗のタイに持ち込む。

そして、一一月一三日の三回戦、前日の勝利で本来のリズムを取り戻した東農大は、初回に江川の二ランで先手を取り、一点を返された直後の三回にも犠飛と重政拓夢《たくみ》（関東一）のタイムリー三塁打で二点を追加。

五対二とリードの九回二死一、二塁でリリーフした三連投の長谷川が最後の打者・大竹を投ゴロに打ち取り、一シーズンで二部復帰の目標を達成した。

「ああ、野球をやっていて良かった」と充実感を味わった入替戦第二戦の救援登板

翌二〇二四年春、「下剋上」をスローガンに一部復帰と秋の神宮大会での日本一を目指した東農大は、開幕カードの国士大戦で連勝スタートを切ると、拓大にも連勝。その後も故障離脱したエース・長谷川の穴を近藤想真《そうま》（新潟第一）、太田遥斗《はると》（星野）、岡部大輝（聖望学園）らが埋め、五月一六日に順延された専大三回戦も二対一で逃げ切り、三つ目の勝ち点を挙げた。

さらに五月二一、二二日の立正大戦にも連勝し、東洋大との未消化試合を待たずして、二〇〇

〇年秋以来二三年ぶりの二部優勝が決まる。

優勝決定試合の立正大二回戦でリリーフとして復帰し、勝利投手になった長谷川は「去年三部に落ちて悔しい思いをして、そのときのメンバーが全部残っていた。冬から一人ひとりが同じ方向を向いて優勝するということを掲げていた。頼られる投手になって、一部に上がって、一部でも優勝できるように、まずは入替戦を頑張りたい」と次なる目標に決意を新たにした。

入替戦の相手は駒大。二二年秋から三季連続の入替戦出場で、崖っぷちでの戦い方を熟知していた。この春から駒大苫小牧監督時代に夏の甲子園連覇を達成し、田中将大（駒大苫小牧、楽天、MLB、巨人）の恩師でもある香田誉士史《よしふみ》監督（佐賀商、駒大）が指揮をとっていた。

六月二五日の一回戦、東農大・長谷川、駒大・高井駿丞《しゅんすけ》（広島商）両エースの先発で始まった試合は、五回まできれいにゼロが並ぶ投手戦となった。

だが、駒大は六回に安打、四球、犠打で一死二、三塁とし、四番・柳野友哉《ゆうや》（大阪桐蔭）の遊ゴロの間に一点を先制。さらに連続タイムリーで二点を加え、三対〇とリードした。

その裏、東農大も三ゴロエラーと古川の二塁打で無死二、三塁と反撃。江川の遊ゴロの間に一点を返したが、なおも一死一、二塁とチャンスを生かせなかったことが、明暗を分ける。

七回には二番手・太田が二死から永野陽大《ひろ》（日大三島）に二ランを被弾。

打線も七回から高井をリリーフした仲井慎（下関国際）に一安打に抑えられ、一対五で敗れた。

安打数は駒大の一〇に対し、東農大は二。全体的に硬さが感じられた。

「一回戦は自分たちの野球がまったくできなかった。二部代表として入替戦に出場しているが、二部の関係者に申し訳ない気持ちで一杯だった」（和田主将）

だが、翌二六日の二回戦は、「負けたのだから、もう失うものはない。明日から楽しくやろう」（菊地）と気持ちの切り替えができたことで、本来の「つなぐ野球」が帰ってきた。

駒大の先発左腕・東田健臣《とうだけんしん》（西脇工）に対し、一回一死から江川、仲間裕也（東邦）が連打で一、二塁とし、二死後、和田が右前安打。二塁走者・江川が間一髪生還し、貴重な一点を挙げた。

先手を取り、前日の悪い流れを断ち切った東農大は、二回にも先頭の當山航大《とうやまこうだい》（滋賀学園）が安打で出ると、一死後、小原龍之介（東北）も左前安打で一、三塁とチャンスを広げたあと、古川、仲間のタイムリーで三対〇と突き放した。

これに対し、駒大もその裏、先発・近藤から連続死球で無死一、二塁のチャンスをつくるが、この場面で北口監督は、四年生・松村力《ちから》（敦賀気比）をリリーフに送る。

高校時代は二年夏に背番号一八で甲子園出場。二試合にリリーフ登板した右腕も、春のリーグ戦はベンチから外れ、スタンドで応援していた。二部優勝に向かって勝利を重ねていくチームメイトの姿が眩しく見え、「自分も投げたいと心底思った」という。

それだけに、憧れの神宮のマウンドに上がり、「自分の名前がアナウンスされると、スタンドから大きな歓声が聞こえてきて、うれしかった」とモチベーションを上げた。

送りバントで一死二、三塁から知花《ちばな》慎之助（沖縄尚学）の遊撃内野安打で一点を失ったものの、一番・渡邉旭《あさひ》（仙台育英）を低めスライダーで二ゴロ併殺に打ち取り、最少失点で切り抜ける。

四回には古川が公式戦初本塁打となる左越え二ランを放ち、強力援護。以前、古川、長谷川と寮で同室だった松村は「いつか三人で一緒に活躍することを夢見ていたから、この試合を通じて、『ああ、野球をやっていて良かった』と本当に思えた」と充実した気持ちになった。

そして、六回までの五イニングを三安打、自責点一の好投。入替戦でまた一人、ニューヒーローが誕生した。

三一年前に一部復帰の先輩の偉業を超える二季連続の〝下剋上〟

この試合のもうひとつのハイライトシーンは、五対二とリードした八回だった。三番手・岡部が連続長短打と四球で一死満塁のピンチを招く。

点差は三点。長打や連打などで一気にひっくり返される恐れもあった。次打者もフルカウントとなり、押し出しだけは避けたい場面で、岡部は変化球勝負で見逃し三振に打ち取り、二死まで漕ぎつける。なおも二死満塁で、渡邊怜斗《れいと》（相洋）に対し、カウント二―二から岡部の変化球が高めに浮く。捕手・小原がハッとした直後、痛烈な打球が三遊間を襲ったが、ショート・古川が落ち着いて処理し、スリーアウトチェンジ。

よく守り、ピンチを脱した東農大は、九回にも重政のタイムリーで一点を加えると、六対二で勝利し、一勝一敗のタイとした。東農大ナインの多くが、この二回戦を「最も印象に残った試合」に挙げている。

連続下剋上の立役者、3回戦で1失点完投勝利のエース・長谷川

六月二七日の三回戦では、両者の勢いの差がそのまま出た。

一回に一番・古川からの三連打と菊地の犠飛で一点を先制した東農大は、二回にも江川の二点タイムリー三塁打でリードを広げたあと、連続四球で一死満塁とし、和田が左中間に走者一掃の三点三塁打。全力疾走で三塁に到達した和田は、何度も拳をベースに叩きつけ、体全体から湧き上がってくる感情を爆発させた。「この試合は絶対に勝つんだ」という強烈な意気込みが伝わってきた。その後も攻撃の手を緩めることなく、三回に二点、四回に三点を加え、一一対〇。

一塁側の東農大応援席では、得点が入るたびに名物「大根踊り」が繰り返され、かつての朝日放送・植草貞夫アナウンサーの名実況「甲子園は清原のためにあるのか！」にも通じるような「神宮は東農大のためにあるのか！」と言っても良いほどのお祭り状態となった。

そして、投げては長谷川が三安打一失点完投し、一二対一で試合終了。一九九三年秋以来、三一年ぶりの一部昇格が実現した。

東農大は八六年、九三年の一部昇格時も二部優勝の前シーズンは、いずれも二部最下位、そこから二季連続の入替戦を経て一部昇格をはたしている。どん底からの大逆襲で下剋上を成し遂げる驚異的な反発力は、三〇年以上の歳月を経ても健在だった。

駒大に大勝で1部昇格を決め、喜びを爆発させる東農大選手たち

「こうも早く一部昇格できるなんて……」。歓喜の胴上げで宙を舞った北口監督は目を真っ赤にしながら就任三年目の快挙の感激に浸り、「日本一に向かって、選手とまた頑張ります」と一部昇格後のさらなる飛躍を誓った。
だが、秋は一勝一〇敗、勝ち点ゼロの最下位。東洋大との入替戦にも連敗し、一シーズンで二部降格となったが、卒業していく和田主将は「この秋の経験値は大きいので、自信を持ってプレーすれば勝てる。すぐに一部に上がってほしい」と後輩たちに期待を寄せる。
仕切り直しとなる二〇二五年、メンバーを一新

2024年春入替戦　東農大、2季連続〝下剋上〟成る

1回戦（6月25日）

	1	2	3	4	5	6	7	8	9	
駒大	0	0	0	0	0	3	2	0	0	5
東農大	0	0	0	0	0	1	0	0	0	1

○高井、仲井―渡邉怜
●長谷川、太田遥、上原律、金井―小原
本塁打＝永見（駒）

2回戦（6月26日）

	1	2	3	4	5	6	7	8	9	
東農大	1	2	0	2	0	0	0	0	1	6
駒大	0	1	0	0	0	1	0	0	0	2

近藤、○松村、岡部―小原
●東田、鯉川、仲村竜、本間、仲井―服部、渡邉怜
本塁打＝古川（農）

3回戦（6月27日）

	1	2	3	4	5	6	7	8	9	
東農大	1	5	2	3	0	0	1	0	0	12
駒大	0	0	0	0	0	0	1	0	0	1

○長谷川―小原
●高井、仲井、仲村竜、鯉川、東田―渡邉怜、服部
本塁打＝網治（駒）

し、北口監督の亜大時代の一年先輩にあたる元中日監督・与田剛氏をアドバイザーに招聘した東農大の「旋風再び」を期待したい。

エピローグ　成蹊大学の六年間——三、四部入替戦レポート

学生監督のチームもある三、四部リーグ

東都大学野球の入替戦というと、一般には一、二部入替戦のイメージが強いが、もちろん二、三部、三、四部の入替戦もあり、近年は同じ日に三試合続けて行われている。三、四部の選手にとっては、憧れの神宮球場でプレーできる数少ない機会とあって、モチベーションもいやがうえに高まり、白熱した好ゲームになることも多い。

筆者は二〇一九年春から人手が足りなくなった「東都スポーツ」をOBとして手伝うことになり、三部の成蹊大を担当している。現在の三部は帝京平成大、大正大、学習院大、順天堂大が優勝争いの中心だが、成蹊大、上智大もチーム一丸となって健闘し、実力は伯仲。二〇二四年春に優勝した順天堂大が秋に最下位に転落したことからもわかるように、どのチームにも優勝のチャンスがある一方、一歩間違えば最下位になってもおかしくないほど、熾烈な戦いが繰り広げられている。成蹊大も二〇二四年までの六年間で計五度にわたって入替戦を経験した。そんな彼らの

激闘の日々を振り返ってみよう。

東都リーグは一部から四部まで二二校が加盟している。一、二部のチームは、スポーツ推薦で有望選手を集め、毎年プロや社会人に多くの選手を送り込んでいるのに対し、三、四部所属のチームは、ほとんどが合宿所を持たず、卒業後に野球を続ける選手もごく一部に限られる。専任の監督を置かず、現役部員が学生監督を務める〝真の学生野球〟と呼べそうなチームもある。

成蹊大学野球部は、新制成蹊大学の開学と同じ一九四九年に創設され、五一年春季リーグから青学大とともに東都リーグ三部に加盟。同年秋の入れ替え戦で大正大を破り、初年度に二部昇格をはたした。五八年は春秋連続二位と健闘したが、六一年秋の入替戦で亜大に敗れたのを最後に、二部から遠ざかる。

一九八〇年代以降も、八五年春と八七年春に学生監督の下、三部優勝を二度実現したが、入替戦では順天堂大、国士大にいずれも一勝二敗と惜敗。その後も建学の精神「文武両立」を守りながら、現在に至っている。

一九年春、成蹊大は卒業したダブルエースの穴を埋めることができないまま、二勝九敗、勝ち点一の最下位に沈んだ。

入替戦の相手は一橋大。六月二五日の一回戦では、リーグ戦終盤から先発の柱に成長した一年生の山本天喜（北海）が先発した。

甲子園出場を目指し、大阪から北海道の名門校に進んだ山本は、高校最後の夏に故障でベンチを外れた悔しさをバネに、「東都の加盟校なら、頑張れば、上のリーグに上がっていける」と大学での飛躍を期して、指定校推薦で成蹊大へ。入替戦という形ながら、入学三ヶ月目で神宮デビューを飾った。

力投する一年生を盛り立てようと、打線も二回に四番・主将の澤木恒成（秋田南）の右前二点タイムリーなどで一挙四点を援護。山本は三回に一点、四回に三点を失ったが、五回まで四対四のタイスコアを守り切り、上級生二投手に後事を託した。

打力に勝る成蹊大は七回、中村寛太（日大高）の二点タイムリー二塁打で勝ち越し。そのまま六対四で逃げ切った。

翌日の二回戦も、一一対九でノーガードの打ち合いを制し、三部残留を決めた。

夏に東都選抜チームのメンバーに選ばれるなど、入学早々貴重な経験を積んだ山本は同年秋、優勝校の大正大を六安打完封してリーグ戦初勝利。同じ一年生の甲斐秀聖（八王子）もリリーフで二勝を挙げ、五位でシーズンを終えた。

無観客試合が続く中でのサバイバル戦

翌二〇二〇年、成蹊大は一六年夏の甲子園に出場した山口駿主将（八王子）はじめ、「一人一人の強みを生かした細かい野球で勝つ」を合言葉に春三位、秋に優勝を目指したが、直後、全世界を襲った新型コロナウイルスの影響で、春のリーグ戦は中止となった。

秋のリーグ戦は開催されたものの、いつ緊急事態宣言が出されてもおかしくない状況から、勝ち点制ではなく、各校二試合ずつ計一〇試合の総当たり制に変更され、大学のグラウンドで試合が行われる三部と四部は無観客試合となった。

この時期は「東都スポーツ」の取材も〝テレワーク〟となった。忙しいなか、メールのやり取りを通じて誠実に対応してくれた土田尚也主務（日大桜丘）に一度も顔を合わせて挨拶できなかったのが心残りだ。

翌二〇二一年もコロナの猛威は衰えず、春季リーグ戦も引き続き各校二回戦総当たり制となった。前年秋は入替戦を行わず、二～四部の優勝校を自動昇格させていたため、入替戦は下位二校と下部リーグの優勝校との三つ巴で行われた。

三勝七敗の成蹊大も、二勝六敗二分の芝工大とともに、四部優勝校・都市大との入替戦に臨んだ。

巴戦は、二校に連勝することが勝ち抜きの条件となるが、三、四部入替戦はもつれた。初戦で都市大を七対三で下し、残留に王手をかけた成蹊大だったが、二戦目で芝工大に敗れ、三校一勝一敗で仕切り直しとなる。

成蹊大は都市大との再戦を九対一で勝利すると、七月一〇日、亜大グラウンドで芝工大との二回戦に臨んだ。勝てば残留だが、この試合に敗れ、芝工大が都市大との二戦目に勝利すれば、四部降格というサバイバル戦だった。

成蹊大は六回まで二対五と劣勢ながら、故障から復帰のエース・山本が二回途中からリリーフし、四イニングを最少失点で切り抜けたことが、反撃の呼び水となる。

七回、芝工大投手陣が七四死球と乱れたのに乗じ、犠飛と新井陽太（西武文理）のタイムリー、三つの押し出しで七対五と大逆転。七回からリリーフの永田岳史（都武蔵丘）が五つの三振を奪う快投で、そのまま逃げ切った。無観客試合ながら、グラウンドを提供した亜大の協力でネット中継されたことも、今となっては懐かしい。

同年秋、成蹊大は三勝七敗ながら、スタミナ強化で完投能力を養った甲斐が、優勝校の大正大を三安打完封し、山本とのエース二枚看板に成長した。

五季ぶりに勝ち点制が復活した翌二〇二二年、成蹊大は一年生のときから試合に出ていた主力が最上級生になってチーム力も充実。優勝を目標に掲げた。

だが、序盤に先手を取りながら、終盤に逆転負けする試合が相次ぎ、なかなか勝ち切れない。最終カードの一橋大戦も初戦を五対〇と完勝したあと、二戦続けてタイブレークで惜敗、勝ち点なしの三勝一〇敗で最下位になった。

これまでなら四部優勝校に勝って残留できる可能性が強かったが、同年の四部は新加盟の帝京平成大が一二試合で一八九得点という〝異次元の強さ〟を発揮し、一二戦全勝の勝ち点六（四部は各校と二度ずつ勝ち点を争う）で完全優勝しており、厳しい戦いになった。

六月二三日の初戦は、成蹊大・甲斐、帝京平成大・更田篤稔（横浜）の両エースが渾身の投手戦を繰り広げる。甲斐は二回に一点を失うが、最速一四三キロをマークし、三回以降をゼロに抑える。

八回まで更田に抑えられていた成蹊大も〇対一の九回、敵失、四球などで一死満塁とし、倉田涼太（佼成学園）の中犠飛で同点に追いつく。だが、なおも二死一、三塁で、あと一打が出ず、タイブレークの延長一〇回にサヨナラ負けを喫した。

翌日の二回戦は、初回に仲田亮太（成蹊）の左越えソロで先制も、前日は硬さも見られた帝京平成大ナインは、先勝したことで気持ちに余裕があった。バントをしない攻撃野球がハマり、二回に一挙九得点。序盤で勝負を決めた。成蹊大は三対九で敗れ、二〇一七年春以来一一季ぶりに四部から出直しとなった。

三年生の春からチームを率いる花岡拓哉学生監督（昌平）は「締めるところを締められず、優しくしてしまった結果」と同学年の選手たちへの厳しさが足りなかったことを反省し、「下の学年を四部でやらせるわけにいかない」と一シーズンでの三部復帰を固く誓う。

この年の成蹊大は、四年生の主力が一〇人以上いたので、「東都スポーツ」秋季号では、これまで紹介できなかった選手を一人でも多く掲載したいと考えていた。だが、三部なら最大五、六人紹介できるスペースがあるのに、四部は三人、多くても四人なので、条件が一層厳しくなった。ツーショット、スリーショットで撮影すれば、その分人数を増やせるので、この〝裏技〟を用い、三人、三人、二人の写真三点で八人を掲載した。

それでも、六番を打つ外野手・清水亮太（足立学園）が選に漏れ、「大学最後のシーズンだったのに…」と申し訳ない気持ちになった。

「三部復帰を置き土産に卒業」の願いかなう

そして、「全試合に勝って、個人成績も上位を独占して、絶対に三部復帰」を合言葉に臨んだ同年秋、成蹊大は一二勝一敗のぶっちぎりVを達成し、前出の清水が打率三割四分九厘で首位打者を獲得。打撃上位五傑の三人までを占め、八試合に登板して四勝を挙げた甲斐が最多勝と防御率一位、MVPに輝いた。

シーズン中に目についたのは、甲斐、山本の両エースをはじめ、四年生が率先して五回終了後のグラウンド整備やバットの後片付けを行っていたこと。「三部復帰を置き土産に卒業したい」という気持ちを行動で示しているように感じられた。二〇二四年に投手兼任で主務になった阿部湖《こ》大《た》朗《ろう》（八王子）も「（前年のシーズンで）一点差負けが多かったのは、用具の管理など野球以外の部分がおろそかになっていたからだと痛感させられた。自分がその任に当たらなければ」と決意したのが動機だったという。グラウンド整備や用具の管理などの雑用を最上級生が率先して行うことによって、心の面でもチームを向上させようとする学生野球らしい考え方には好感が持てた。

入替戦の相手は、三部時代に何度も戦った上智大だった。一一月三日の初戦は、甲斐が五安打一失点に抑え、五対一で先勝。だが、翌四日の二回戦では、上智大の一年生右腕・正木悠馬（レドモンド高）から決定打を奪えず、三対六で一勝一敗のタイに。

三回戦は日程の都合で一週間後の一一月一一日に行われ、甲斐と正木の先発対決となった。

三回まで両投手譲らず、○対○で迎えた四回、成蹊大は四球、安打、敵失で無死満塁のチャンスをつくるが、仲田、斎藤大輝（東京成徳大高）の四、五番が連続三振に倒れ、たちまち二死。三部でも屈指の速球投手・正木（二〇二四年一〇月六日の帝京平成大戦で自己最速一四八キロを計測）は適度に荒れ、攻略は容易ではなかった。次打者・清水も二ストライクと追い込まれたが、ボールを冷静に見極め、フルカウントまで粘る。そして、押し出し四球になったボールを捕手が後逸する間に二者が還り、ついに均衡を破った。秋季号で掲載できなかった清水が、必死に粘って貴重な先制点をもたらした瞬間を撮影することができ、「これで卒業記念に写真を贈呈できる」と少し安堵したことを覚えている。

こうなれば、流れは成蹊大のもの。次打者・小林駿也（座間）四球で再び満塁としたあと、ムードメーカーの手塚丈一郎主将（聖望学園）も三点目の押し出し四球を選び、九番・外内滉大《とのちこうた》（都豊多摩）がとどめの左前二点タイムリー。一挙五点のビッグイニングとなった。

このリードを甲斐が二失点で守り切り、九回二死、最後の打者の遊ゴロを処理した外内の送球がファースト・斎藤大のグラブに収まった直後、マウンドに歓喜の輪ができた。ベンチ前では主務と学生コーチが涙を流して抱き合い、後方で見守る花岡学生監督の目も潤んでいるように見えた。

チームが四部から三部に昇格する瞬間に初めて立ち会ったが、苦しい戦いを全員で乗り越え、勝利したときの感激は、一部も三部もなく、皆同じだと実感させられた。

その後、成蹊大は二〇二三年春に左腕・寺山一稀《かずき》（横須賀学院）が帝京平成大を二安打完封して前年の入替戦のリベンジをはたし、四位。秋も順天堂大から連勝で勝ち点を挙げるなど、三位と健闘した。翌二四年春は投打がかみ合わず、最下位になるも、一橋大との入替戦を一〇対〇、八対一で連勝。秋は主将の寺山、高井滉一郎（浜松西）両エースの奮闘（寺山は連盟の敢闘賞受賞）や「高校で野球をやめるつもりだったが、コロナで最後の夏の大会が中止になり、大学でも野球を続けようと決意した」という大内成晃《なりあき》（日大二）が打率三割三分三厘をマークして二塁手のベストナインに選ばれるなど、上級生がチームを引っ張り、勝ち点二の四位になった。

二〇二四年から一九八五年春、八七年春の三部優勝を選手として体験したOBの信太《しだ》誠一監督（秋田）が就任（学生監督はコーチ登録になったが、野球部内では学生監督の呼称が用いられている）。「優勝の喜びを選手たちに味わわせてやりたい」と学生たちの自主性を重んじながら、〝夢再び〟の実現を目指している。

参考資料

東都大學野球連盟七十年史　東都大学野球連盟編纂委員会／週刊ベースボール増刊大学野球特集号　ベースボール・マガジン社／東都大学野球80年の歴史　ベースボール・マガジン社／週刊ベースボール別冊青葉号・東都大学野球２０１２展望号　ベースボール・マガジン社／東都スポーツ／東都大学野球選手名鑑　東都大学野球連盟／神宮球場ガイドブック／学習院野球部百年史　明治神宮野球大会二十年誌／朝日新聞／毎日新聞／読売新聞／日刊スポーツ／スポーツニッポン／スポーツ報知／サンケイスポーツ／東京スポーツ／デイリースポーツ／静岡新聞／埼玉新聞／ゴング増刊「学生野球」センバツ特集・大学野球開幕号（１９７７年）日本スポーツ出版社／球心いまだ摑めず―駒大太田野球５００勝の真実　太田誠　日刊スポーツ出版社／監督と大学野球2　安倍昌彦　日刊スポーツ出版社／神宮の奇跡　門田隆将　講談社文庫／二流選手から一流指導者へ―三塁コーチの視点―誰も書かなかった「勝利の方程式」　伊原春樹　ベースボール・マガジン社／パンチ佐藤の迷語録人生　佐藤和弘　サンマーク出版／野村の考え。　野村謙二郎　宝島社／ナンバー2の男　高津臣吾　ぴあ／一瞬に生きる　小久保裕紀　小学館／自然体　西口文也　ベースボール・マガジン社／用具係　入来祐作〜僕には野球しかない　入来祐作　講談社／阪神の四番　七転八起　新井貴浩　ＰＨＰ新書／決めて断つ　黒田博樹　ＫＫベストセラーズ／黒田博樹　永遠の「15」　宝島社／Ｖやねん！タイガース　日刊スポーツグラフ

【著者略歴】

久保田龍雄（くぼた・たつお）

1960年東京生まれ。中央大学文学部在学中の1981年に創刊された東都大学野球専門誌「東都スポーツ」創刊号から第4号まで初代編集長を務める。卒業後、地方紙記者を経て、フリーに。現在はアエラドット、デイリー新潮などでプロアマ問わず野球を中心に執筆活動を展開。主な著書・関連著書は『プロ野球B級ニュース事件簿・昭和人物伝』『思い出甲子園・真夏の高校野球B級ニュース事件簿』『プロ野球ドラフトB級ニュース事件簿1965 - 2014』（日刊スポーツ出版社）、『長野の法則・リンダブックス』（泰文堂）、『渡る世間は鬼ばかり「岡倉家の事情」』（音羽出版）、『古畑任三郎の研究』（同文書院）など。

死闘！激突！東都大学野球

2025年5月1日　　　第1刷発行

著　者　久保田龍雄

発行者　唐津 隆

発行所　株式会社ビジネス社

〒162-0805　東京都新宿区矢来町114番地 神楽坂高橋ビル5F
電話　03（5227）1602　FAX　03（5227）1603
https://www.business-sha.co.jp

〈装幀〉大谷昌稔
〈本文組版〉有限会社メディアネット
〈印刷・製本〉三松堂印刷株式会社
〈営業担当〉山口健志
〈編集担当〉中澤直樹

ISBN978-4-8284-2722-5

世界を揺るがす！グローバルサウスVS米欧の地政学

定価　1980円（税込）
ISBN978-4-8284-2671-6

石田和靖／宇山卓栄……著

「アメリカ」の世紀は終わった。世界の主役は大きく変わる。

中東、東南アジア、南米の資源国がインド、ロシア、中国に急接近！　一気に「政治・経済力」を増すBRICS。日本はどう、ビジネスを活性化させるか？「旅系YouTuber」が伝える各国の生情報満載。

本書の内容